四季に寄り添い

暮らしかさねて

横山タカ子

ささやかな毎日に

彩りを添えながら
暮らしかさねる

はじめに

こんにちは、料理研究家の横山タカ子です。

「ご趣味は何ですか」と聞かれると、私は即座に「暮らしです」と答えています。「それって何でしょう」と、不思議そうな顔をする人がほとんどです。暮らしほど、色んな要素が詰まったものはありません。掃除も、洗濯も、台所仕事も、すべてにさまざまなノウハウが散りばめられ、「つまらない」なんて言っていられないほど、面白いものです。

暮らしなじんだ家の、そこここ、知り尽くしている隅々。限られたスペースながら、そこはまさに、私の暮らしの舞台。ことに、台所での仕事の幅は広いです。四季のはっきりしている信州に生活していると、豊かな野菜、果物に恵まれ、食べきれない食材を漬けたり、干したり、保存食にしているうちに、あっという間に1年が経ちます。

私は、いつも約１か月遅れで季節を日々に受け入れるようにしています。その目安が旧暦。新暦より旧暦の方が、信州の季節にぴったりです。雛祭りは４月に、５月の端午の節供は６月に行う地方が多いのもそのため。３月にはまだ咲かない桃の花、５月には柏餅を包むまでに成長していない柏の葉など、こと信州では、新暦は無理が多いのです。

本書では、信州で暮らす私の、旧暦からみた日常をお届けします。お気に入りの文机で手紙を書く時間、にんじんや大根の切り口から伸びる青々とした芽、風にたなびく手染めのカーテン、春の訪れとともに蛙が再びやって来てくれること。すべて、何気ない毎日を彩る、暮らしの調味料。煩うことも山ほどある暮らしであればこそ、一番身近な楽しさ探し。そんな私の旧暦の暮らしが、みなさまの日常の、ささやかな調味料になればうれしいです。

目次

はじめに……6

目次……8

春……11

—立春—2月4日頃◎旧暦1月頃……12

—雨水—2月19日頃◎旧暦1月頃……18

—啓蟄—3月6日頃◎旧暦2月頃……24

—春分—3月21日頃◎旧暦2月頃……30

—清明—4月5日頃◎旧暦3月頃……36

—穀雨—4月20日頃◎旧暦3月頃……42

春の手しごと　りんごのありか……48

夏……49

—立夏—5月5日頃◎旧暦4月頃……50

—小満—5月21日頃◎旧暦4月頃……56

—芒種—6月6日頃◎旧暦5月頃……62

—夏至—6月21日頃◎旧暦5月頃……68

—小暑—7月7日頃◎旧暦6月頃……74

—大暑—7月23日頃◎旧暦6月頃……80

夏の手しごと　初夏の手すさび……86

秋

秋……87
―立秋―8月7日頃◎旧暦7月頃……88
―処暑―8月23日頃◎旧暦7月頃……94
―白露―9月8日頃◎旧暦8月頃……100
―秋分―9月23日頃◎旧暦8月頃……106
―寒露―10月8日頃◎旧暦9月頃……112
―霜降―10月23日頃◎旧暦9月頃……118
秋の手しごと　白瓜の抜き粕……124

◎本書で紹介している
　日付について

目次内の日付および各節気内に表示した日付は、2018年2月（立春）～2019年2月（大寒）をもとにしています。二十四節気のほか、土用や春分・秋分をはじめとした雑節の日付は毎年変動します。「ほぼ、この頃」と理解し、毎年今年はいつかな？と調べるのもまた楽しい時間です。なお、二十四節気や雑節は、国立天文台暦計算室で算出されています。

冬

冬……125
―立冬―11月7日頃◎旧暦10月頃……126
―小雪―11月22日頃◎旧暦10月頃……132
―大雪―12月7日頃◎旧暦11月頃……138
―冬至―12月22日頃◎旧暦11月頃……144
―小寒―1月6日頃◎旧暦12月頃……150
―大寒―1月20日頃◎旧暦12月頃……156
冬の手しごと　沢あんの糠床……162

索引……163

撮影／山浦剛典
Takenori Yamaura
フリーフォトグラファー。1968年、長野県上田市出身。本書の元となったウェブ連載『暮らしの調味料』で、初回より撮影を担当。そのほか、著者による『作って楽しむ信州の食』シリーズ5冊、『食べて元気になる漢方ごはん』などでも撮影を担当。著者曰く、「わたしと同じ目線と呼吸を持っている方」。

※本書は、2014年1月から、信濃毎日新聞の読者サイト「なーのちゃんクラブ」（信濃毎日新聞社）で連載されたエッセイ『暮らしの調味料』に加筆・修正のうえ、最新レシピを加えて再編集しました。

春

一合

立春《りっしゅん》

新暦　2月4日頃

旧暦　1月頃

旧暦と新暦の、はざまの暮らし

立春といえば、旧暦でいうお正月。旧暦を基準に暮らしている私ですが、年越しとお正月は世間の動きに合わせて、新暦にて。年末は、それらしくそわそわと掃除をし、大晦日の料理を準備。年越しそばを食べながらも、お節の重詰め、日本酒にいろいろな漢方薬材を浸してお屠蘇《とそ》の用意も。休みがある、というのもうれしいこと。

でも、新暦の七草はどうもしっくりいかない。スーパーには温室育ちの七草セットが並びますが、まわりじゅう凍てつく寒さで、どんな青い芽もない。野沢温泉のお年寄りに「七草はやりますか」と尋ねたところ、「やらないよ、こっちは」と。そうですよね。

信州は半年、野菜や果物が採れない。その代わり、夏、秋に収穫した食材を大切に保存し、飽きずに食べ回す知恵のひとつが漬物。野沢菜は、漬けた方がビタミン、ミネラルが高まる。そして、植物性発酵食品となり、長寿に寄与したのだろう。木曽のすんき漬けもそう。すんきそば、すんきのみそ汁など、食物繊維豊富な野菜として、七草代わりの役割を果たしてきた。

世間に合わせてしまう、もうひとつの行事は節分。ひと月遅れで「鬼は外」と、外に向かって大声を出す元気もないまま。まあ、豆はハウス育ちではないし。それに「鬼は早目に追い払っておけばいいね」の気分で、時代物の升に柊と豆を入れ、竹の枝に目刺しと唐辛子を添えて、鬼やらい。

水仙の根元を水引でしばり、
柊を添えて節分のしつらい

掛け紙【かけがみ】

関西方面の和菓子屋の掛け紙がとても美しく、芸術的とも思えるほど。花器に巻き付け、柊と赤唐辛子を入れて。手前は掛け紙にひかれて購入したお汁粉。たまには人様のつくったお汁粉の味を見ましょうか。

吾唯知足の下駄【われただたるをしるのげた】

縁起物の飾り下駄。よく見ると「むさぼりの心を起こさぬこと」の意が書かれている。毎日この言葉を見つめ、心に留め、正月から暮らしている。

金柑の花【きんかんのはな】

1年で一番花の乏しい季節、昔から母がしていたまねを。甘煮にする金柑を少し取り残し、枝に刺します。今日の枝は野沢温泉で団子の木と呼ばれ、もちの花を咲かせる枝。庭の竹の緑を添えて。

王滝蕪の椿
【おうたきかぶのつばき】

食卓も、この時季が一番、彩りのない季節。漬物の赤蕪薄切りを椿に見立てて結ぶ。芯には黄色の菊の酢の物を。

大豆ごはん

節分に限らず、1年中、食べているごはん。塩味は一切なし。大豆の味が一段とごはんをおいしくしてくれる。

材料（4人分）

玄米…2合
ゆで大豆…100g

1. 洗った玄米にゆで大豆を入れる。
2. 通常通りの水加減で炊く。

れんこんのサーモンはさみ

冬の野菜といえば、根菜類のれんこんや大根が大活躍。サーモンをくるりと巻けば、おめでたい席にも似合う紅白のおかずに。

1. 1㎜ほどの薄切りにしたれんこんや大根に塩少々をふり、水を出す。
2. スティック状に切ったサーモンをはさんで二つ折りにし、ひたひたの甘酢に漬ける。

- 甘酢の基本の分量
  砂糖…大さじ$3\frac{1}{2}$
  ・塩…大さじ$\frac{1}{2}$
  酢…75cc
  水…100cc
  ※量は必要に応じる

立春の頃

春の気立つをもってなり

こよみ便覧

寒さ厳しい折ですが、暦のうえでは春。ここから来るべき春にむけて準備がはじまる、そんな日と思えばよいでしょうか。

旧暦ではお正月。春のはじまりであり、1年のはじまりです。節分とともに立春大吉のお札を貼って厄を払い、1年を無事に過ごしましょう。

大寒	2月2日	
	2月3日	節分
立春	2月4日	
	2月5日	
	2月6日	
	2月7日	初午 ※立春後、初めての午の日
	2月8日	針供養
	2月9日	
	2月10日	
	2月11日	建国記念日
	2月12日	
	2月13日	
	2月14日	
	2月15日	
	2月16日	
	2月17日	
	2月18日	
雨水	2月19日	
	2月20日	

※2018年2月（立春）～2019年2月（大寒）のもの。
毎年変動はあるが、ほぼ表記の頃。

照り煮

暦のうえでは春ですが、冬真っ盛りにうれしい、葛粉でとろみを付けた、身体の芯から温まる煮物。葛粉がない場合は片栗粉を使います。

材料（4人分）

- 豚肩ロースかたまり肉…200g
- 大根…600g
- にんじん…100g
- しょうが…1片
- 水…200cc
- 酒…大さじ2
- 油…大さじ1
- 砂糖・しょう油…各大さじ1$\frac{1}{2}$
- 葛粉の水溶き…葛粉大さじ1+水大さじ2

1. 豚肉はひと口大に切る。

2. フライパンに油、しょうがの薄切りを入れ、乱切りにした大根とにんじんを入れて炒め、**1**の豚肉と水を入れて蓋をして煮る。

3. 火が通ったら調味料で味を調え、葛粉の水溶きでとろみを付ける。

雨水《うすい》

新暦　2月19日頃
旧暦　1月頃

冬枯れの、庭の楽しみ

諏訪で出会った庭師さんに、「わらぼっち」をつくってもらった。い草の香りがする、手の込んだ編み込みに感激。平らな生け垣に、傘のように広げる使い方が一番効果的。植物に対する何という思いやりか。すっぽりと雪が載るその姿は、雪降りでないと見ることができない。冬と雪のタイミング。

もうひとつ、信州では石の水鉢は凍みて割れやすいので、わらぼっちで覆うのだと、若い庭師さんに教えてもらう。寒い間、ひとつの飾りの役目も果たしている。取り外す時季は春のお彼岸、まだもう少し。

庭のお地蔵さんや石灯籠《いしとうろう》、皆、すっぽり雪に埋まってしまったなか、餌を求めてキジバト、メジロ、ヒヨドリなど、いろいろな野鳥が遊びにやってくる。雪の白さに映えて鳥の特徴が観察できること。2時間も、3時間も、飽きずに鳥たちの素早い動作に釘付け。やらなくてはならないことのすべてを忘れて。これも冬ならではの、暮らしの調味料。

知人から知らせがあった。

「スノードロップが咲いたわ」。

え、もう？ それは2月の初めのこと。普段、このあたりでは、雨水の頃から開きはじめる。庭に行くと、確かに地面ぎりぎりに白い花を下向きに付けていた。周りは雪なのに。凍みてしまわずに名前の通り、スノードロップ(雪の片)。寒い暮らしのなかに、とてもうれしい調味料を与えてもらった思いの瞬間。

水仙【すいせん】

「えっ？198円? 買った、もらった」の勢いで花屋さんでひと鉢購入。枯れた花と土を取り除き、クリクリとした球根と真っ白なひげ根をガラス器に。暖かくなったら土に戻し、来年また会いましょう。

ヒヤシンス

地中海沿岸の原産らしいのだけれど、江戸時代に渡来し「風信子（ひやしんと）」と呼ばれたとのこと。渡来の花なのになぜか、和との相性もいい。花のないこの季節、秋植え球根植物の家中での春待ちは楽しみのひとつ。少しずつ、つぼみを膨らませ、それぞれの色を訴えはじめる。

炬燵【こたつ】

すべて手づくりの我が家の炬燵。炬燵布団は私が綿入れをしてつくりあげた大作。縁は着物の胴裏を用いた。もちろん、残り物があったので。上掛けは姑の着物をつくり直した。座布団カバーも手づくり。潜って昼寝の時間が待ち遠しい。

炬燵、薪ストーブ、そして火鉢が、我が家に欠かせない冬の暖

ふろふき大根

大根を、昆布と煮干しだけで煮て、好みでみそやしょう油だれをかけて食べる。彩りも味も良好で、なにより温まる、ありがたい料理。

材料

大根…5切
にんじん…5切
水…ひたひた
昆布…5 × 10cm
煮干し…10g

1. 水に昆布と煮干しを入れ、輪切りの大根とにんじんを煮る。
2. ねぎみじん切りにひたひたのしょう油をかけて漬けた、ねぎだれをかける。

三五八（さごはち）

三の塩、五の麹、八のもち米で、三五八。漬物の元になる。漬け上がりが三五八漬け。冬の根菜でも夏野菜でもおいしい。信州の発酵の知恵は深い、深い。

1. 糀：塩：炊いたもち米=3：5：8になるように計量し、もち米を人肌に冷ましてから混ぜる。
2. 炊飯器に入れて2時間保温したあと電源を切り、ひと晩置く。
3. 少しずつ取り出し野菜と混ぜて好みに漬ける。

雨水の頃

陽気地上に発し
雪氷とけて雨水となればなり

こよみ便覧

降る雪が雨に変わり、降り積もった雪が解け出す頃。雪深い信州は、まだまだ雪に閉ざされていますが、それでも地温は上がりはじめて大地は春の準備。ここぞとばかりに乾燥させた野菜や漬物といった保存食が大活躍。雪深くとも、豊かな食卓を楽しみましょう。

立春	2月17日	
	2月18日	
雨水	2月19日	
	2月20日	
	2月21日	
	2月22日	
	2月23日	
	2月24日	
	2月25日	
	2月26日	
	2月27日	
	2月28日	
	(2月29日	閏日、うるうび)
	3月1日	
	3月2日	
	3月3日	桃の節供 ※新暦
	3月4日	
啓蟄	3月5日	
	3月6日	

※2018年2月(立春)〜2019年2月(大寒)のもの。毎年変動はあるが、ほぼ表記の頃。

※2018年は閏年ではない。

タルト・タタン

りんごをたっぷりといただくのなら、生よりも、ジャムよりも、このケーキ。なんども試作を重ねてたどり着いた、主婦の知恵が詰まったタルト・タタンです。

詳細なレシピはP48に掲載

啓蟄《けいちつ》

新暦　3月6日頃
旧暦　2月頃

待ち遠しい春、深呼吸

庭の剪定をしたときの枝が、家のなかで花を開いた。壇香《だんこう》梅《ばい》、梅、侘助《わびすけ》、蝋梅《ろうばい》と、庭師に捨てられずに良かった、良かった。固いつぼみを開いてくれて、ありがとう。この季節は、春が待ち遠しい。家のなかで早春の花木と雛人形を眺めながら、本当の春も、雛祭りも4月と自分をなだめる。

そもそも私は何回春を迎えたのやら。日を重ねれば必ず来るものを、恋い焦がれる。数日を飛ばして春は来ないことを、知っているのに。

そんなとある日、泊まり仕事へ。読みたい本や雑誌、手縫いの道具は携帯用針と糸、晒布《さらし》、ナイトキャップ用のお酒に少々の漬物。これで準備は整った。夜はひとり、ビジネスホテルで過ごす。ゆっくりお風呂につかった後は、しっかりテレビを見て好きなことだけの時間を持つつもり。食事の用意も片付けもいらない。たまには誰とも話をしないのも、これまた気楽。いすに座ったまま必要なものが手に届く狭い部屋が妙に落ち着いて、開放感が体いっぱいに広がる不思議さ。

楽しもう、やりたいことをたくさんやろうと思うのだが、半分も手つかずのまま、朝、目覚めて「なんてこった」。これで終わったと次の仕事に向かう。何泊も続くとうんざりだろうが、一泊のひとりビジネスホテルは、再びいつもの日常を続けるための深呼吸みたいなもの。自宅のある同じ市内のホテルだっていい。仕事を持たない人にも、たまには「とてもいいよ」と、一泊深呼吸をお勧めしたい。

一閑張り【いっかんばり】

上等な竹のざるの底が傷んできた。戸隠の竹屋さんに持っていったものの、「これは、ちょっと」と断られた。そこで韓国で求めた紙をいっぱい重ねた一閑張りに。着たものをちょっと入れたり、着替えを入れて持ち歩いたり、便利このうえない。昔の人の知恵はすごい。

水鉢【みずばち／すいばち】

外が少し春めいて、目高の鉢は窓際ですっかり春の様子。緑の水草がゆらゆらする様子は、気分も晴れやかになる。

さるぼぼ

黒竹に括り付けたさるぼぼを玄関に活ける。春一番、楽しみな庭がはじまるちょっと前、正月の松にさるぼぼを入れ替えての花代わり。

流し雛も、流さず飾る

雛人形【ひなにんぎょう】

たくさんあるのに、大きい品、小さい品、いろいろな素材が毎年新しく大勢の作家から生まれ、つい、ほしくなる。小指の先ほどの粘土人形は、高齢の女性の作品。和紙座布団のうえで軽々と。4月、旧暦の雛祭りまで、このままいてくださいとお願い。

うずら豆とキウイのおやつ

「豆を煮る」というのは冬から春先にぴったりの仕事。暖を取りながら、家じゅうに豆が煮える音と香りが漂う。甘酸っぱいキウイを加えてさっぱり。

1. 煮豆と同じ大きさの角切りにしたキウイを混ぜ、好みの量のはちみつで和える。

百合根の汁粉

食べきれなかった百合根を土に植えたら、大きなオニユリが咲いた。その後、毎年咲く。その色と花姿からはほど遠い、ほくっとして上品な味。

1. たっぷりの水でゆっくりと煮上げた小豆の上に、蒸した百合根を添える。甘みをお好みで。

王滝村の瀬戸恵美子さんから、お手製のすんきが届く。そばつゆに、たっぷり刻んで入れる。とうじ篭は、戸隠の竹屋の井上栄一さん作。

とうじそば

材料（3人分）

すんき…2株
そば…300g
八方だし
- お湯…800mℓ
- 鰹節…30g
- 薄口しょう油…100mℓ
- みりん…100mℓ

1. すんきをみじん切りにする。
2. お湯に鰹節に入れてだしを取ったら、薄口しょう油・みりんを加え、煮立たせる。
3. そばは袋の注意書きに沿ってゆで、ひと口大に盛り付ける。
4. とうじかごにそばを入れ、火にかけた**2**にくぐらせていただく。

啓蟄の頃

陽気地中にうごきちぢまる虫穴をひらき出ずればなり

こよみ便覧

大地が温まり、冬ごもりの蛇や蛙たち（蟄）が、土を啓（ひら）き、地上に出てくる頃であることより。

ようやく梅も開き、冬を越したさなぎが蝶になって花の合間を舞う姿もちらりほらり。春分・秋分にもっとも近い戌（つちのえ）の日は社日（しゃにち）と呼ばれ、産土神を参拝する日です。

雨水	3月4日	
	3月5日	
啓蟄	3月6日	
	3月7日	
	3月8日	
	3月9日	
	3月10日	
	3月11日	
	3月12日	
	3月13日	
	3月14日	
	3月15日	
	3月16日	
	3月17日	社日（春）※春分に一番近い戌の日
	3月18日	春の彼岸入り
	3月19日	
	3月20日	
春分	3月21日	春分の日
	3月22日	

※2018年2月（立春）～2019年2月（大寒）のもの。毎年変動はあるが、ほぼ表記の頃。

春分《しゅんぶん》

新暦　3月21日頃
旧暦　2月頃

陸山葵の花芽付きて木の根明く

信濃毎日新聞の「多思彩々」欄で、経済アナリストの森永卓郎さんが山葵《わさび》について述べておられた。「1日5gの山葵を摂取するだけで、肌と血管が若返る」、さらに「山葵は最強の健康食品。野菜のなかで最も（がんや動脈硬化の予防につながる）抗酸化作用が強いのが山葵」ともあった。しかも実験でも明らかになっているとの指摘に、うれしいなあと拍手。我が家は根山葵を常に買い置きし、何かにつけ、すりおろして食べる。ひょっとして身体に効いているかもしれないと、期待も大きい。

山葵といえば、水清い安曇野が有名だが、北アルプス山麓育ちの陸山葵《おかわさび》も近年、とても頑張っている。ともに同じ種類で、水と陸との育ちの違いだけと生産者にうかがう。まだ花芽がやっと付いたばかりの陸山葵は、いかにも栄養がありそう。葉はそのまま、吸い物に浮かべたり、お浸しにしたり、飾りながらいただいている。地場産コーナーに売っていた菜の花をちょっと彩りに添えて、春を呼び込んで。

雪の多い年のこの時季になると、森はもちろん、公園や小さな庭でも木の根の回りが丸く雪解けする「木の根明く」が見られる。冬の木は、枯れ木と呼ばれながら太陽に向かって枝を広げ、すでに花芽を蓄えている。その熱と木の想いが、木の根を明かすのでしょうか。雪と太陽と枯れ木が一体となって、これ以上の言葉はないと、心がふるえる思い。枯れ木から一気に、黄、桃色などの花をはじかせるのも、もうすぐ。

庭の梅もようやくほころぶ頃

梅の香【うめのこう】

蓋物の器に、秋、山きのことともにいただいた苔を詰めた。庭の芽吹いた緑の根と。この季節、一番、緑のものに焦がれる。亀のお香立てを添え、春らしい「梅の香」のお香をくゆらせ、春を待つ。

早春のデザート

【そうしゅんのデザート】

干し柿にようかん、南の国の丸ごと金柑も食べやすく薄切りに、文担も皮をむいて。ようかんには、緑のきな粉をふりかける。今の季節を枯れた朴葉(ほおば)が受け止め、緑のきな粉が芽吹きの予感。急な来客には、こんなお茶請けを。お茶は熱々のほうじ茶で。

心太に添えたのは黒蜜と自家製のあんこ２種

やたらと心太

【やたらとところてん】

やたらは夏野菜を細かく切って大根のみそ漬けで味を整える北信州の代表料理だけれど、私は越冬野菜でもつくる。冬本番の心太も加え、まとめは長芋をすって。心太は夏の物と思いきや、信州では冬と早春のぜいたく品。炊きたてごはんに載せて。

お彼岸のぼた餅

春のお彼岸といえば、ぼた餅。小豆を牡丹に見立てて「牡丹餅」と書く。秋のお彼岸は、萩の咲く様子になぞらえて「御萩」で、おはぎ。

材料（16個分）

もち米…2合
赤米…大さじ2
水…420cc
あんこ…500g
ごま…大さじ3

1. もち米と赤米は洗い、分量の水とともに炊飯器に入れひと晩置く。
2. 炊き上げたらすりこ木でつき、16個に丸める。
3. なかにあんを包んだり、外にまぶしたり、お好みで。仕上げにごまをふる。

春分の頃

日天の中を行て
昼夜等分の時なり
こよみ便覧

昼夜の長さが同じになるとき。真東から昇った太陽が、真西へと沈みます。
「暑さ寒さも彼岸まで」と言いますが、春のお彼岸は、春分をはさんだ前後3日の7日間。中日である春分は、「自然をたたえ、生物をいつくしむ日」として祝日となっています。

啓蟄	3月19日	
	3月20日	
春分	3月21日	春分の日
	3月22日	
	3月23日	
	3月24日	春の彼岸明け
	3月25日	
	3月26日	
	3月27日	
	3月28日	
	2月29日	
	3月30日	
	3月31日	
	4月1日	
	4月2日	
	4月3日	桃の節供 ※旧暦
	4月4日	
清明	4月5日	
	4月6日	

※2018年2月（立春）～2019年2月（大寒）のもの。毎年変動はあるが、ほぼ表記の頃。

カクテギ

キムチも発酵食品。よくぞ、韓国にこんなにおいしい漬物があったもの。たれをつくり置きし、蕪やせりを漬けても良い箸休め。

材料（3人分）

大根…1kg
塩…大根の2%
韮…半束
A　しょうが…1片
　　にんにく…2片
　　玉ねぎ…½個
　　りんご…1個
塩…大さじ1
アミの塩辛…50g
はちみつ…大さじ2
韓国唐辛子…大3本

1. 大根は2cm角に切り、塩をふり、水分を絞る。
2. 韮は3cmに切る。
3. Aをフードカッターにかけ、すべての材料を合わせて漬ける。2日目頃から食べられる。

出雲書道用紙

清明《せいめい》

新暦　4月5日頃
旧暦　3月頃

心からの「おめでとう」

4月といえば、もうすっかり春。といっても三寒四温というより、四寒三温と思えるような気候が続くのですが、新しく学校もはじまり、新社会人も誕生。その流れからすっかり下車した周りの大人たちは、「お祝い」という形で若人に「まあ、もう小学校？」「もう社会人？こちらも年を取るはずよね」なんて、自分の重ねた年数を実感する。

そんなとき、家に和紙と朱の筆ペンさえあれば、さっと熨《の》斗紙《しがみ》や熨斗袋に変身。市販の品のように、真っすぐな水引を書くより、ぼこぼこと、波のような太さや細さのなかに、うねりがある方が趣きがあり、こちらの気持ちが伝わりやすいというもの。大胆に、左から右に和紙の真ん中を、朱の筆で走らせる。右上に「のし」と続けて書けば立派な熨斗紙。途中でちゅうちょして手を止めないことがこつ。家にあるものを手早く包んで「おめでとう」。

大阪の友だちから若ごぼうが届く。毎年のことで「ああ、その季節なのね」。根は親指太さの15cmほどで、とてもごぼうとはいえないが、茎はまるで蕗のように長く40cmほど、葉も蕗そっくりで全部が食べられる。のびのびと、青々とした野菜に、こちらはまだ四寒三温なのとひとりごと。

根と茎はきんぴらに、葉はつくだ煮が常だけれど、今年は地粉で天ぷらにしてみた。苦味の強いきんぴらに、身体が揺さぶれるような快感。油を通った葉は穏やかな味になった。ありがたいこと、ひとつの食材でふた品もできてしまって。

長押【なげし】

物を掛けるにはちょうど良いのだけれど、クリーニング店のハンガーなどは長押が泣く。長押は物掛けではないけれど、急な来客に使い、普段は眺めて楽しんでいる。釘の１本も使ってないのも好ましい。

熨斗紙と紅色の紙を巻いて贈り物

善光寺の院で見かけた兎の形がとても気に入り、同じものを大工さんにつくってもらった

春の茶托【はるのちゃたく】

春になると使う茶托。桜と梅を象ってある。金属製で重く地味だけれど、花柄の手拭いのうえに菜の花と一緒にしつらえて。

切溜【きりため】

昔のボウルのようなもので、野菜を切って溜めたり、料理の持ち運びに使ったりしたそう。今は重箱としての役目も多く、毛氈（もうせん）を敷いて、色とりどりの漬物を詰めただけなのに、おいしそう。たとえ漬物でも、蓋を取ったときの感激はひとしお。

蒸し野菜

もう終わりの越冬野菜を使用。じゃがいも、白菜には豚薄切り肉を巻いて。彩りにわかめ。たれは2年もののにんにくしょう油糀。滑らかで大好評。

材料（4人分）

白菜…4枚
豚薄切り肉…300g
じゃがいも…4個
わかめ…適量

1. 広げた白菜に豚肉を置き、クルクルと巻き、3cm長に切る。
2. じゃがいもは半分、わかめは洗ってひと口長に。
3. 湯気の上がった蒸し器で蒸す。豚肉に火が通り、じゃがいもがやわらかくなるまで。

- にんにくしょう油糀の基本の比率
しょう油：糀：にんにくすりおろし
＝4：4：1

清明の頃

万物発して清浄明潔なれば
此芽は何の草としれるなり

こよみ便覧

花が咲き、鳥が飛び、生き物たちが清らかにその命を輝かせ、清々しい空気に満ちるとき。
ようやく信州にも春がやってきます。あちこちで桜や桃が花開き、風の温度、土の匂いが変わっていくのを肌で感じる日々。長い冬をようやく開けた、その喜びはひとしおです。

春分	4月3日	桃の節供 ※旧暦
	4月4日	
清明	4月5日	
	4月6日	
	4月7日	
	4月8日	お花まつり／針供養
	4月9日	
	4月10日	
	4月11日	
	4月12日	
	4月13日	
	4月14日	
	4月15日	
	4月16日	
	4月17日	春土用入 ※立夏の直前まで
	4月18日	
	4月19日	
穀雨	4月20日	
	4月21日	

※2018年2月（立春）～2019年2月（大寒）のもの。毎年変動はあるが、ほぼ表記の頃。

雪菜の辛子和え

雪の下で耐えていたお菜をゆでて、和辛子で和える。お菜そのものが、少し苦みがあって春らしい。蕗の薹（ふきのとう）と並ぶ春の味を堪能。

1. 雪菜はさっとゆがいてひと口大に。

2. 練り和辛子：しょう油=1：2の分量で溶き、**1**に和える。

穀雨《こくう》

新暦　4月20日頃
旧暦　3月頃

家のなかでもお花見

毎年、繰り返し漬けるもののひとつが桜である。野沢菜漬けのように、丼に盛り込みいっぱい食べるものではないけれど、なくてはならない漬物のひとつ。ないと、とてもさびしいだろうと思う。

一重の桜が満開となり、やがて散る頃、八重桜が咲く。その桜が満開となった、まさにその日、残酷にも摘み取り、洗って塩漬けにする。

ふと、笑う。我が家のささやかな花木にいろいろな野鳥が来ては、花芽をほじるように啄《ついば》む。とくに侘助などの椿類は、格好な食べ物とばかりに。いつも「ひどい、ひどい」と嘆く自分だけれど、「私も同じか」と。

八重桜に対して、塩30％を加えて漬ける。ひと晩置いて水が上がったら、少しの白梅酢で洗い流し、今度はひたひたの白梅酢か、梅でつくるオリジナル調味料のさしす（85頁参照）に漬ける。少しずつ、鮮やかさが増してくる。桜は、梅を漬けた汁がないと、もとのピンクに発色しない。ここが、とても不思議なことで、その不思議を楽しんでいる。

桜ごはんを炊くときは、漬けた汁も水加減の足しにし、炊き上がりに桜を混ぜ込む。土鍋に羽釜、手持ちのご飯用の鍋は数個ある。2、3合は20分で炊ける羽釜は、そのまま食卓に出すと、これもごちそうのひとつになる。

家のなかでも、これ以上ないお花見。

お匙【おさじ】

決してスプーンとは呼ばない。黒竹の柄に漆塗りのすくいは、口当たりもとても滑らか。甘酒やお汁粉、白玉ぜんざいなどのおやつにぴったり。竹や木をくり抜いた匙は煮豆に添えると、ふっくら煮えた豆を傷付けることなく、すくい上げられる。

お茶道具【おちゃどうぐ】

折りたたみ式の箱で竹の皮の表面に美しい布が張られている。お茶席の残り物をそっと入れて持ち帰る道具として使われている。何と美しく賢い箱なんでしょう。この箱ひとつをとっても、日本文化の奥深さを感じ、ため息。

風呂のタオル

我が家はだいぶ前からバスタオルを使わない。好みは薄手の吸収の良い温泉タオル。身体の隅々まで行き届き、足りなければ2枚、3枚使ってもバスタオルのかさばりに及ばない。まこと具合の良い風呂上がりタイム。

鰊鉢【にしんばち】

私の大好きな江戸中期からつくられてきた会津本郷焼の鰊鉢。ちょうど小さい鰊やひしこ鰯が入る大きさで、おいしい漬物になったんだろうと考える。ある老舗喫茶店では灰皿代わり。何と罰当たりな！

いなり寿司

市販のいなり寿司用に味付けした油揚げは、私にはちょっと甘いので、好みの味付けにしてつくる。おいしくて、おいしくて食べすぎに注意。

材料(20個分)

酢めし…2合分

油揚げ…10枚

A
- 水…300cc
- 煮干し…5g
- みりん…大さじ$1\frac{1}{2}$
- しょう油…大さじ3

1. 油揚げは半分にして開き、ゆでて油抜きする。
2. 鍋でAを温め、1を煮る。
3. 酢めしを詰める。好みで上に具を載せても。

りんご甘酒

中野市の吉家一雄さんがつくった「炎舞」という中身の赤いりんごに出会った。少々酸味のある味。煮てもピンクが失われず、見た目は桃のよう。

1. りんごを蒸して皮をむき、好みの量の甘酒のもとをかける。

- 甘酒のもと
  糀：炊いた玄米：ぬるま湯(40℃)＝2：1：5をあわせて炊飯器で2時間保温

穀雨の頃

春雨降りて
百穀を生化すればなり
こよみ便覧

春の恵みのやわらかな雨が降り、農作業のはじまりを告げる頃。桜前線も北上していきます。穀雨の終わりの雑節といえば、八十八夜。立春から数えて88日目のこの頃には、遅霜の懸念もなくなると言われています。季節は信州の短い春に終わりを告げるのです。

清明	4月18日	
	4月19日	
穀雨	4月20日	
	4月21日	
	4月22日	
	4月23日	
	4月24日	
	4月25日	
	4月26日	
	4月27日	
	4月28日	
	4月29日	昭和の日
	4月30日	
	5月1日	
	5月2日	八十八夜
	5月3日	憲法記念日
	5月4日	みどりの日
立夏	5月5日	菖蒲の節供 ※新暦 子どもの日
	5月6日	

※2018年2月（立春）～2019年2月（大寒）のもの。
毎年変動はあるが、ほぼ表記の頃。

じねんじょの包み揚げ

じねんじょをいただいた。長芋と違って、ごつごつしてどこからどう包丁を入れてどう皮をむいたらいいのか、しばし眺めて素揚げ。

1. じねんじょをすりおろし、5cm角の海苔にひとつまみ載せる。
2. 170℃前後の中温の油できつね色に揚げる。

りんごのありか

信州の冬になくてはならない果物といえば、りんご。秋から冬にかけて収穫したりんごを春先まで、大事に、大事に、食べつなぐ。今はどこもかしこも家じゅう温かいという家が多いが、りんごを長く保存するなら、なるべく温めない方が良い。我が家は玄関が所定の場所だ。段ボールで隠しておくにはもったいない。かごにどっさりと盛り付けて、食べる前から香りと色とすべて味わいながら、何十年もこの方法。ここでは、たっぷりのりんごを使った、「タルト・タタン」のレシピをご紹介。春のりんごは水分が少なくなっていく分、甘みが凝縮されるので、砂糖少なめでつくれるうれしいケーキ。

りんごを弱火で炒めるとジャムになってしまうので注意

タルト・タタン

材料

- りんご…5個
- レーズン…50g
- バター…15gと25g
- 砂糖…40g
- くるみ…50g
- ライ麦パン…数枚（約8㎜厚）

1. りんごは皮と芯を取り、12等分に。
2. 厚手の鍋にバター15g、りんご、レーズンを加え、水分が出なくなるまで強火で炒める。
3. 手持ちの型にバター25gを塗り、砂糖を加えて熱し、カラメル状にする。
4. **2**を詰め、200℃のオーブンで1時間焼く。
5. オーブンに入れたまま1時間ほど冷ます。
6. 粗みじんにしたくるみをふり、ライ麦パンをかぶせる。
7. 型ができるまで上から重みをかけて半日ほど置く。
8. ひっくり返して盛り付ける。

夏

立夏《りっか》

新暦　5月5日頃
旧暦　4月頃

今年もおかえりヒキガエル

花冷えの言葉通り、立夏といえど信州の朝晩の寒さは暖房が必要なのは当たり前。しかし、ビルのなかでの仕事を終えたのちに浴びる西陽《にしび》の温もりには、「わあー、本物の春だ」と、ひとり浮き立つ。仕事帰りの解放感と満足感。自称、専門は主婦と思っている私に、家の外に仕事が与えられたうれしさも加わって、西陽を身体中に浴びる。

庭に目を向ければ、冬の寒さにやられてしまったのだろうかと毎日、食い入るように見つめ続けた裸木が芽をふいてくれた。「うわーうれしい。出てくれたの、元気だったの、遅かったじゃないの」と話しかける。見知らぬ芽には「あなたはどなた」と問う。鳥の落とし物か、風の仕業かと成長を見守りつつ、まるで熱心な園芸マニアに変身する。

庭の主《ぬし》のヒキガエルが、今年も多量の産卵をしてくれた。小さな小さな水鉢なのに。いつものところに帰る習性があることから「かえる」と言うらしいが、〝毎年〟ということがどれだけ大切かが身にしみる。震災、事故、病気など、どれひとつでも、何気ない日常が一瞬にして失われるのだから。ささやかな庭で、草木の繰り返しと小さな生き物の営みを心に留め、私への最大の花束。

庭にいてくれるお地蔵さまは休むことなく手を合わせてくださって。冬は雪に埋もれ、雨に打たれ、霜や風にさらされ、本当にご苦労様。特別に、小花、色とりどり摘んで器に水を張り、供える。花もいろいろ咲き揃ったところ。

菜の花【なのはな】

野沢菜を漬けるために葉を取り、残された蕪がひと冬越して芽を出し、花を咲かせる。身体を温める、甘みと苦味をあわせ持つ食材。とくにつぼみにはこれから開花するための生命力が秘められ、骨のためになるカルシウムやリンなど、ミネラル成分がバランスよく含まれる。春に食べたくなるのは、身体が欲っしているんでしょうね。家中に香りが漂う。

にんじんの芽

【にんじんのめ】

にんじんの葉は高い消臭効果があると言う。切り落としたへたを、もったいないとばかりにほんの少し、水に浸す。伸びた若葉を摘んでは、お皿の彩りに。ときには燭台に、蝋燭（ろうそく）とともに飾る。

椿【つばき】

木偏に春だけあって、咲き揃うと本格的春を思わせる。赤い椿は一斉に咲くので鳥にも食べ切れないらしい。「良かった、良かった」と、鳥と競って花器へ。椿が赤を自慢げのときは、朴葉は枯葉色で椿を誉め称えている。

ヒキガエル

いつもは5月の連休ごろ、冬眠から出てくる。目覚めの早い年は、菜の花の満開も、山菜の出番も早い。蛙の気候センサーは確かだ。

菜の花の糠漬け

沢あんを漬けた残りの糠を少し取り出して漬け込む。早く食べたいときは、さっと熱湯を通して一夜漬け。生では3、4日。早春の味。

1. 沢あん糠床にさっとゆでた菜の花を漬け込み、ひと晩置く。

- 沢あん糠床
  詳細なレシピはP162に掲載

ねぎしょう油

春には細ねぎがたくさん出回る。近所の畑の方にひと抱えいただいた。刻んでしょう油を少々かけ回して保存。湯豆腐でも何にでも役立つひと瓶。

1. ねぎを葉先まで刻み、しょう油をひたひたにかけ回す。

立夏の頃

夏の立つがゆえなり

こよみ便覧

夏の気配が見える頃。日差しは強いものの、風はさわやか。

信州は名残の桜、満開の菜の花、そして新緑の芽吹きと、賑やかな季節で、まさに行楽シーズンとはいえ、春のイメージを持つ筍や山菜も今が旬。夏本番というには、まだもう少し。このあと梅雨の季節がやってきます。

穀雨	5月3日	憲法記念日
穀雨	5月4日	みどりの日
立夏	5月5日	菖蒲の節供 ※新暦 子どもの日
立夏	5月6日	
立夏	5月7日	
立夏	5月8日	
立夏	5月9日	
立夏	5月10日	
立夏	5月11日	
立夏	5月12日	
立夏	5月13日	
立夏	5月14日	
立夏	5月15日	
立夏	5月16日	
立夏	5月17日	
立夏	5月18日	
立夏	5月19日	
立夏	5月20日	
小満	5月21日	
小満	5月22日	

※2018年2月（立春）〜2019年2月（大寒）のもの。
毎年変動はあるが、ほぼ表記の頃。

花餅

餅に、庭で摘んだ生のすみれに、桜のさしす漬けを載せ、あんこを添える。本物の春がやってきた喜びも、一緒に載せて。

1. 正月の残りの餅を蒸してひと口大に丸める。
2. あんこを添え、スミレや桜の塩漬けを載せ彩りに。

小満《しょうまん》

新暦　5月21日頃
旧暦　4月頃

晩霞ぜり、ことクレソン

初めてクレソンに出会ったのは、昭和46（1971）年の軽井沢だった。ラーメン店で、添えの緑野菜として丼のなかで色冴えていた。ほうれん草より明るく、味は苦味とともにフレッシュで、「好ましい」と思わせる個性派。十分気に入った。

店主に尋ねると「雲場池にあるよ」とのこと。今なら雲場池で決して採ってはいけないのだろうが、当時はのんきなものだった。「ヨーロッパ原産で、明治の初めに日本に導入された」らしいが、私の育った北安曇地方にはまだ広まっていなかったのか、食べたことがなかった。それ以来の大好物。

博学な先輩男性にうかがったところ、昔は「晩霞《ばんか》ぜり」といい、画家の丸山晩霞がヨーロッパから持ち帰って、小諸から信州に広がったとのこと。諏訪地方では、「台湾ぜり」と呼ばれ、「八ヶ岳のおばさんたちが、ざるに入れて売っていたんだよ」と。クレソンにまつわる、何と面白い話だろう。

長野市近辺では、戸隠、小川、中条など、山からの清流に恵まれたところにあるらしく、たまに知り合いからいただく。買い物袋にいっぱい。生サラダはもちろん、硬い茎からフライパンに入れ、さっと良質な油で炒め、こしょう少々と酢じょう油で。お浸しにして、鰹節にやはり酢じょう油。これもなかなかの味。清流で育った姿を思いながら器のなかで、もう一度生き生きさせる。味も見た目も申し分ない。ヨーロッパ生まれのクレソンが信州の一汁三菜をしっかり支えてくれる面白さ。

↓

↓

↓

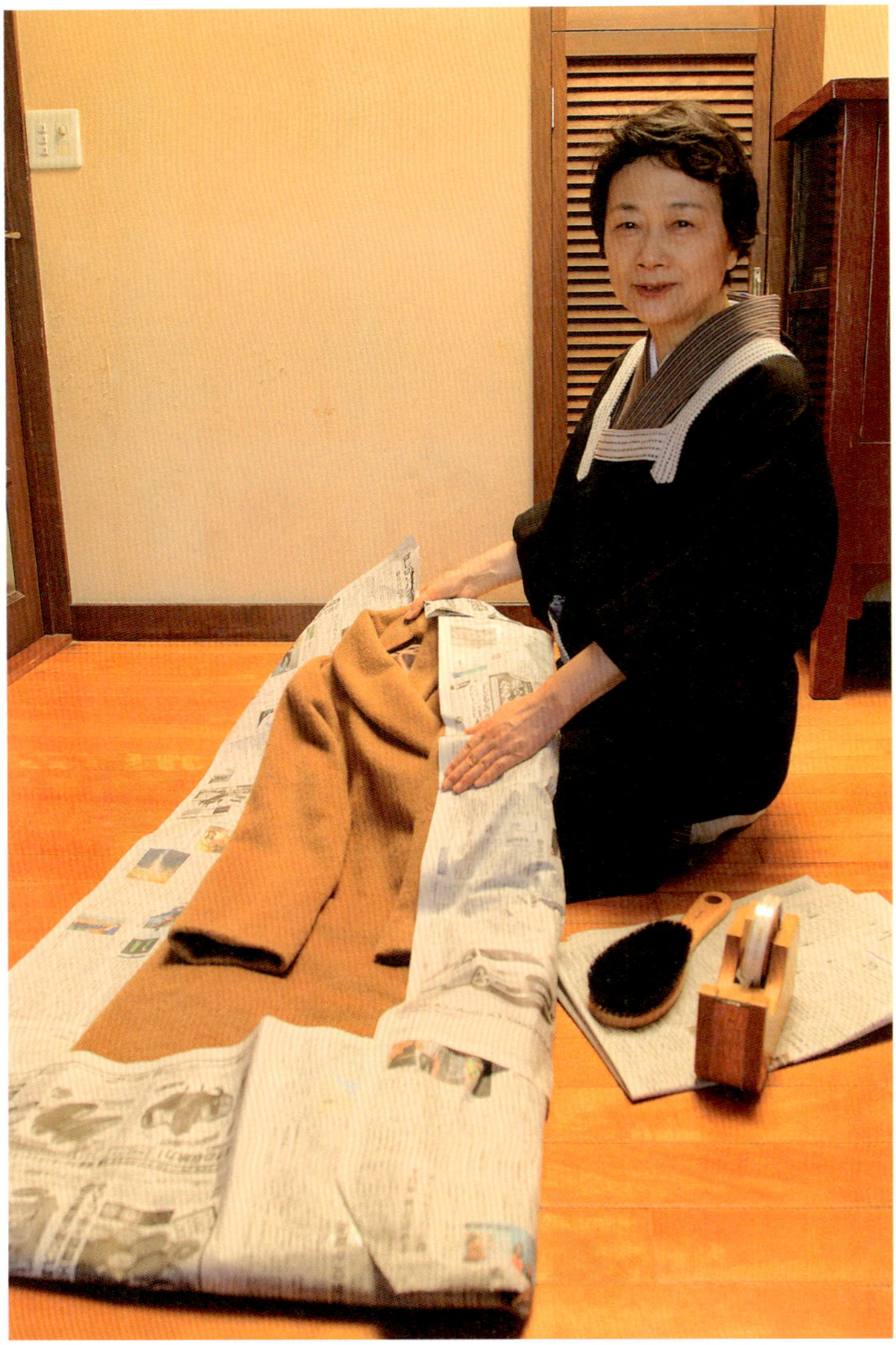

衣替え【ころもがえ】

ちょっと羽織るものがほしい日もあるけれど、真冬のコートだけはさすがに着ない。虫のつかないしまい方を、服飾専門店で教えてもらった。新聞紙がいいなんて。白い衣類は紙一枚で包んでから新聞紙でくるむと良いとのこと。さっそく実践。

落款【らっかん】

私が自分の落款を持つなんて想像もしたことがなかった。著書があることも。初めての著書が出たとき、夫の友だちがお祝いに彫ってくださった。和の古布で袋をつくって入れ、私のお供をしてくれる。下手な字も朱の落款で救われ、ありがたい。

しっかり乾燥させて瓶保存

蜜柑の皮【みかんのかわ】

伝統野菜の農家を訪ねた折、蜜柑の皮がたくさん干してあった。聞いてみると「油虫に効く」とのこと。ひと冬中食べた皮を干し、カッターにかける。これから油虫の季節。化学的な薬剤ではなく安心が一番。早く試してみたいと油虫を待つ。勝手なものだ。

大根ステーキ

真冬につくった寒干し大根はゆでてから干すので、水で戻すと、そのままでも食べられる軟らかさ。少々の油で焼いて、ステーキと呼ぶ。

1. 寒干し大根を水で戻して水分を絞り、少々の油で表面を焼く。
2. しょう油をかけ、季節の野菜を添える。

もやしナムル

さっとつくれるうえに、食物繊維はいっぱいのうれしい一品。このたれは、もやしに限らず、大根、せり、にんじんなどにもよく合う。

材料
もやし…1袋
韮…1束
ヤンニョムカンジャダレ
- しょう油…大さじ3
- おろしにんにく…小さじ1
- 粉唐辛子…小さじ1
- ねぎみじん切り…大さじ1
- ごま油…大さじ1
- ごま…大さじ1

1. もやし、韮をさっとゆで、韮はひと口長に切る。
2. たれの材料をすべてあわせ、**1**と和える。

小満の頃

万物盈満すれば
草木枝葉繁る
こよみ便覧

生命が満ちるはじめるとき。緑は濃さを増し、秋蒔きの麦が穂をつけます。田植えもこの頃。6月1日は衣替え。まだ肌寒い日もありますが、小満の声が聞こえたら、夏服の準備と覚えましょう。田植えを前にして水を張った棚田に月が映り込む「田毎の月」は、この季節ならでは。

立夏	5月19日	
	5月20日	
小満	5月21日	
	2月22日	
	5月23日	
	5月24日	
	5月25日	
	5月26日	
	5月27日	
	5月28日	
	5月29日	
	5月30日	
	5月31日	
	6月1日	衣替え
	6月2日	
	6月3日	
	6月4日	
	6月5日	菖蒲の節供(端午) ※旧暦
芒種	6月6日	
	6月7日	

※2018年2月(立春)～2019年2月(大寒)のもの。毎年変動はあるが、ほぼ表記の頃。

昔ながらに棒寒天を水に戻して煮溶かす。あんこを入れたらようかん。牛乳かジュースのゼリーで2層にしても。花びら型に抜いて椿を添えて。

水ようかん

材料
寒天…3g
水…300cc
こしあん…150g

1. 寒天はゆっくり水で戻し、300ccの水で煮溶かす。
2. 別の鍋にこしあんを入れて火にかけ、漉しながら1を加え、よく混ぜる。早めに流すと2層になる。
3. 型に流し固まったところを花型で抜く。

花も實もある

芒種《ぼうしゅ》

新暦　6月6日頃
旧暦　5月頃

端午の節供は葉っぱがお皿に代わる頃

柏の葉がようやく両手を広げて、何もかも受け止めてくれるような姿になった。1カ月前の新暦端午の節供の5月5日は、まだほやほや、お浸しにでもなりそうな新芽で、お餅を包む柏餅にはほど遠く。その頃はよもぎも一番軟らかくて、「食べてほしい」と言わんばかり。今は背丈も伸びて、菖蒲《しょうぶ》の葉と束ねても見劣りしない。旬同士というのは大したもの。

そこでようやく、我が家恒例、月遅れの端午の節供、しつらいを。庭で勢いよく伸びる黒竹と、やはり庭ではびこるよもぎを一緒に生ける。この季節は、このふたつが大いに役立つおかしさ。よもぎの季語は春、菖蒲は夏。月遅れの節供を行う信州は初夏といったところ。朝晩寒く、日中は暑い。

歳を重ねた夫婦には幼い男子がいるはずもなく、幼い頃の弟や息子、お風呂に浮かぶ菖蒲の香りなどをありありと思い出すとき。家に1本、柏の木があるだけで「旧暦の端午だ」と気持ちが反応。ありがたいこと。

柏の葉はお餅を包むだけでなく、お皿代わりにも使え、お弁当には、仕切りや油ものをくるんだり。味が移りにくく、新緑そのものの彩り。市販のおまんじゅうやきな粉餅などを載せてお客さんに出すことも。葉ごと手のひらに載せ、きな粉もこぼれず食べやすい。そのまま捨てられるのも重宝。

柏の葉から朴《ほう》、柿、黒文字、山葡萄《やまぶどう》など、お皿代わりに使う、食べられる植物の葉っぱ使いのはじまり。その季節が、旧暦端午です。

ガーゼの日除け

【がーぜのひよけ】

窓辺にガーゼをふわぁっとかけておくのが好き。ガーゼを一反、呉服屋で買い求め、染める。エレファントグレー、ネイビー、ジャングルグリーンなど、染料にはいろいろな涼しい色がある。今回はターコイズブルー。明るい青緑色で、水屋箪笥のこげ茶とも不思議とぴったり。色止めは塩。秋風が吹くまでの楽しみ。

端午の節供 【たんごのせっく】

毎年、同じ人形を飾れるありがたさ。5月の初めから6月5日過ぎまで飾ります。庭の花を水鉢に生け、その端にちょこんと人形を置いて。

玄関に、菖蒲とよもぎの束を。独特の芳香が魔除けの役目

漬物樽 【つけものだる】

野沢菜に沢あんに、いろいろな越冬漬物の季節が終わった。沢あんは糠ごと小分けして冷凍庫へ。1年中、薄切りにして食べられる。野沢菜の冷凍はおいしくないので、食べきることにしている。「ありがと、ありがと」と樽を洗い、空気を通し、秋までお休み。

古漬け沢あんをごま味で炒め、赤唐辛子とみりんで煮込む。ごはんにも、冷やし中華にもよく合う

あさりの炊き込みごはん

あさりを酒蒸しにしてから、汁だけ入れてごはんを炊き、炊き上がり10分前に殻ごと身を入れる。あさりの塩分だけで十分なおいしさ。

1. 好みの量のあさりを洗い、50ccほどの酒で蒸し、蒸し汁を加えて米を炊く。
2. 炊き上がりにあさりを混ぜる。

ワンタンスープ

私の中華は、そのほとんどが和風だし。ポイントはしょうがやごま油を使うこと。それだけで一気に中華の趣が醸される。

材料（4人分）

水…800cc
煮干し…16g
しょうが薄切り…2枚
ワンタンの皮…1袋
鶏ひき肉…80g
薄口しょう油…大さじ2
塩…小さじ$\frac{1}{2}$
ねぎ…適量
ごま油…小さじ2

1. 水に煮干しとみじん切りにしたしょうがを入れて煮る。
2. ワンタンの皮で鶏ひき肉を包み**1**に入れる。
3. 調味料を加え、千切りにしたねぎとごま油を散らす。

芒種の頃

芒のある穀類稼種する時
なればなり

こよみ便覧

芒（のぎ）は稲や麦など、イネ科の植物の穂先のこと。麦の収穫、穀物の播種と、農業が繁忙期を迎えることを示します。

梅雨入りし、梅も盛りを迎えます。かつて梅雨は五月雨と言いました。旧暦5月が今の6月にあたることがうかがえます。水辺には蛍が現れる季節です。

小満	6月4日	
	6月5日	菖蒲の節供（端午） ※旧暦
芒種	6月6日	
	6月7日	
	6月8日	
	6月9日	
	6月10日	
	6月11日	入梅 ※暦のうえの梅雨入り
	6月12日	
	6月13日	
	6月14日	
	6月15日	
	6月16日	
	6月17日	
	6月18日	
	6月19日	
	6月20日	
夏至	6月21日	
	6月22日	

※2018年2月（立春）～2019年2月（大寒）のもの。
毎年変動はあるが、ほぼ表記の頃。

二十日大根の酢みそ和え

二十日大根はひげ根が付いていることがポイント。器のなかでどんな料理にしても、ひげ根があるだけで生き生きとしている。

材料
二十日大根…200g
酢みそ
- 酢…大さじ2
- みそ…大さじ3
- 練り辛子…小さじ1
- 砂糖…大さじ1 $\frac{1}{2}$

1. 二十日大根は葉だけゆで、冷水に放ち絞る。
2. 酢みその材料をあわせ、適量で和える。酢みそはほかにも利用できる。

夏至《げし》

新暦　6月21日頃
旧暦　5月頃

私の自画像に話しかける

ようやく戸外で、目高《めだか》が元気よく泳げる季節になった。水草も目高も、冬中、家のなかで冬ごもりしていたけれど。花の種を蒔いたり、目高の「すいすい」を見たり、私にはとても効く暮らしの調味料。

さて、昭和の時代から続けている料理の仕事が、もう30年以上になる。仕事というより専業主婦の私が、料理するのは当たり前で、日常がそのまま仕事になったようなもの。

先日、当初に料理教室に通ってくれた方に会った。「あのときのレシピなの」としっかりファイルした綴りを見せてくれて、思わず「恥ずかしい！」。稚拙な手書きで、コンビニに走ってはコピーしたことを思い出す。「ここは、こうして、こんな形に切って」と、図まで書いて、一生懸命で健気《けなげ》とも思えるレシピ。これがあのときの私、これは私の自画像そのもの。

あの頃は、使う調味料—しょう油、油、みりん、みそなどの種類を問う人はまだいなかった。あれから私も勉強を重ね、今は使わない、使ってはならないと、本物を選べる目も備わっている。見せてくれた方に「もう、捨ててください」と頼むと、「いえ、まだ使っているんです」と返事。ありがたいのか、苦しいのか、困ってしまう。

書店には、江戸料理などの本が並んでいる。「なるほどねえ」と感心する素材の使い方。私も、どんなに時代というふるいにかけられても、「これはいい」と言っていただけるレシピを残さなくてはね。自画像に、話しかける。

木賊【とくさ】

常緑の植物だが、真っすぐに伸びる初夏の美しさ。物を研ぐのにも使われ、繁殖力旺盛な性質にあやかりたいのか、「木賊文様」の器や布柄などがたくさんある。木賊を花瓶いっぱいに生けて剣山代わりに。大山れんげを一輪、木賊に初夏を託す。

洗面所の手ぬぐいも木賊柄。家中、木賊文様にして初夏気分を満喫。最大自己満足の世界

布玉【ぬのだま】

布を1cmほどに切り、丸く巻いて玉に。藍やかすり木綿なんてあったら素敵だろうなと思う。さて、これをどう生かすか、考えているだけで楽しい。まず、鉄の花ばさみの持ち手に巻こう。病気などしていられない。そんなふうに思わせる布玉。

伽羅蕗【きゃらぶき】

伽羅とは最上級の香木であり、「良いものを誉めて言う語」という意味も。根っからの蕗好きで、妊娠中に一番食べたかったのが蕗。昔ほど野菜に力がなくなったのか土が頼りないのか、それほどの灰汁(あく)を感じない。

今は10mにもなってしまった姫大山木の大胆な花のその香りとともに初夏を実感

茶碗蒸し

我が家の朝食の定番といえば、茶碗蒸し。この季節は定番料理にも木賊文様の器を使う。

材料（4人分）

- 水…400cc
- 煮干し…8g
- 卵…3個
- A
  - 塩…小さじ$\frac{1}{2}$
  - 薄口しょう油…小さじ2
  - みりん…大さじ2

1. 水にひと晩煮干しを入れておく。
2. 煮干しを取り出し、溶いた卵とAを加える。
3. 器に注ぎラップをかけ、竹串で3箇所穴をあける。
4. 鍋に3cmの水を張り、器を入れて中火で8分蒸す。具はお好みで。

根曲竹の鯖缶汁

先人の食生活はすごい。味が淡白な筍に、出汁いっぱい、タンパク質も摂れる鯖缶を入れるなんて。おまけに発酵食品のみそでまとめ。

1. 根曲竹と鯖水煮缶を鍋に入れ、飲みたい分量の水で煮る。
2. みそを加えて味を調える。

夏至の頃

陽熱至極しまた日の長きの
いたりたるをもってなり

こよみ便覧

梅雨のさなか、1年で最も昼が長いとき。暦のうえでは折り返し地点、加速度的に暑さが増していくときです。
この季節は信州各地で、茅草(ちがや)でつくった茅の輪をくぐることで知られる夏越の祓や、無病息災を祈る祇園祭が各地で行われ、賑わいます。

芒種	6月19日	
	6月20日	
夏至	6月21日	
	6月22日	
	6月23日	
	6月24日	
	6月25日	
	6月26日	
	6月27日	
	6月28日	
	6月29日	
	6月30日	夏越の祓
	7月1日	
	7月2日	半夏生 ※梅雨の末期
	7月3日	
	7月4日	
	7月5日	
	7月6日	
小暑	7月7日	笹の節供(七夕) ※新暦
	7月8日	

※2018年2月(立春)～2019年2月(大寒)のもの。毎年変動はあるが、ほぼ表記の頃。

うこんごはん

うこんは肝臓の薬とのこと。そこに、菜の花をいっぱい混ぜ込む黄色いごはん。菜の花油でさっと菜の花をいため、薄口しょう油と黒こしょうで。

材料(4人分)
- 米…2合
- うこん…小さじ2
- 菜の花…150g
- 薄口しょう油…適量
- 油…大さじ1

1. 米にうこんを入れて炊く。
2. ひと口大に切った菜の花を、油を敷いたフライパンで炒め、薄口しょう油を加える。
3. 盛り付けたごはんに菜の花を添える。

小暑《しょうしょ》

新暦　7月7日頃
旧暦　6月頃

初夏の台所

台所には箸立てからざるまで、竹製品が多い。水切りの渡し棒がほしくていろいろカタログを見たけれど、帯に短し、たすきに長し、それにステンレス製なので高価。そこで庭の黒竹を切って、縄を編み、自らつくった。夏らしくて安定して、我ながら満足のでき。

そんな初夏の台所は、保存食づくりに大忙し。杏、梅、らっきょう、新しょうがなど、1年に一度という新物が出回る。それに加え、昨年保存した物のつくり回しもたくさん。昨年の物だからといって捨てるのではなく、1年発酵した分だけおいしくなっているものを、もう一度手を加え、新しい1年を食べ回す。

そのひとつ、小梅のカリカリ漬けの残りを、しその葉ごとみりんで煮詰めて練り梅に。鍋の底を木べらでかき混ぜながら気長に付き合う。そのうち、しその葉も梅の実も形をなくし、種がコロコロと木べらに当たる。この種ごと煮るのがとてもおいしさを増すといつも思う。そして、種ごと保存瓶に入れ、食べるとき出せばいいのだから。

やはり昨年漬けた完熟梅のみそ漬けを、鍋に空けて同じようにじっくり煮詰める。これで夏からのきゅうりやセロリのディップに、和え物に、冷や奴にと、重宝なこと請け合い。すぐ間に合う、安心保存があることは、気持ちも楽にしてくれる。

「食べたい」。その思いだけが鍋に向かわせる。

保存食【ほぞんしょく】

山椒、しょうが、杏、梅、ジャムなど、数えきれないほど。「食べたい」思いだけが鍋に向かわせる。とくにこの時季は梅の季節。小梅のしょう油漬けは、500gの青梅にしょう油400ccをかけて保存するだけ。刻んでしょう油も一緒に使う。

梅の保存食いろいろ

朝顔【あさがお】

古物箪笥の鍵を数年前に求めた。壁に取り付け、庭の草花を入れて楽しんでいる。白に、紫の線が入った朝顔、午前だけの彩りだけど。

山椒の実【さんしょうのみ】

今年も山椒の季節。いろいろな漬け方をしているが、なかでも一番のおすすめは、しょう油漬け。洗って水をよく切り、同量のしょう油をかけるだけ。冷蔵庫で1年は何ともない。漬け汁もとても重宝。

鰹節削り器【かつおぶしけずりき】

食べる直前に削った鰹節は立派な一品。嫁いだときはすでに姑が使っていた。なかなか今は手に入らない、お気に入り。少々、切れ味（削り味？）が悪くなった以外は。刃の手入れをしてくださる方、いらっしゃらないでしょうか。

朴葉餅

もう15年以上も前、王滝村に朴葉餅（ほおばもち）のつくり方を教えてもらいにうかがった折、ねだって朴の苗木をいただいた。今や2階にも届きそうな勢い。

材料（30個分）

- 上新粉…700g
- もち粉…300g
- 熱湯…約800mℓ
- こしあん…450g
- つぶあん…450g
- 朴葉…30枚
- いぐさ…30本

1. 朴の葉は小枝のまま洗っておく。あんは30gずつに丸める。
2. 上新粉ともち粉を合わせ、熱湯を注ぎ、かき混ぜる。熱いうちによくこねる。
3. 粘りが出たら熱湯で絞ったふきんをかけ、45gずつ丸めてから楕円に伸ばし、あんを包む。
4. 朴の葉で包み、い草で縛り上げ、蒸し器で葉の色が変わるまで20分ほど蒸す。

小暑の頃

大暑来たれる前なればなり

こよみ便覧

梅雨が明け、大暑に向けて夏の気配が日に日に高まる頃。本格的な夏の到来です。

暑中見舞いを出すのは大暑以降とも言いますが、梅雨が明けたこの頃から出しはじめても差し支えありません。立秋を過ぎると、暑中から残暑見舞いに変わります。

夏至	7月5日	
	7月6日	
小暑	7月7日	笹の節供(七夕) ※新暦
	7月8日	
	7月9日	
	7月10日	
	7月11日	
	7月12日	
	7月13日	迎え盆 ※新暦
	7月14日	
	7月15日	お盆 ※新暦／中元
	7月16日	海の日 ※第3月曜 送り盆 ※新暦
	7月17日	
	7月18日	
	7月19日	
	7月20日	夏土用入 ※立秋の直前までが土用／夏土用の丑の日 ※一の丑
	7月21日	
	7月22日	
大暑	7月23日	
	7月24日	

※2018年2月(立春)～2019年2月(大寒)のもの。毎年変動はあるが、ほぼ表記の頃。

葡萄の葉寿司

塀にからまる山葡萄（やまぶどう）。いまだ実はならないけれど、季節ごとに葉を使う。本当は塩鱒の酢締めを使うけれど、私のは簡単。鮭でも良い。

1. 焼いた塩鱒や鮭をほぐし、酢飯に混ぜる。
2. 山葡萄や柿の葉で包む。香りが移り、初夏のごちそう。

- 酢飯
  米…2合
  酢…大さじ4
  砂糖…小さじ4
  塩…小さじ1

特　徴
●主原料は除虫草で、芳香性に優れた植物として使用し
ています。
●北海道産和種はっかを使用しています。
●合成着色剤や染色剤、農薬類を添加していないので、
植物粉末の原料色のままです。
植物の収穫時期や乾燥・粉末状態により色合いに違い
ますが、商品への影響はありません。

大暑《たいしょ》

新暦　7月23日頃
旧暦　6月頃

蚊やり器、各種取り揃え候

じめじめしたかと思うと、晴れ過ぎというほどのカンカン照り。信州には、暑くもなく、寒くもなく、木々の緑と薫風を身体いっぱい浴びることのできる「ちょうどいい」さわやかな季節が何と短いことか。すでに網戸は必要で、細かな虫偏の侵入者を防ぐしかない。

昔、先輩から「蚊が出る前と、息子に嫁が来る前が一番いい時期って言うんですよ」と聞いた。すでに嫁の立場にいた私は蚊と一緒にして例えたこのひと言が楽しく、人生経験豊富でかつユーモアセンスにあふれ、心地良く笑い転げたことを、蚊が飛びはじめるたびに思い出し、愉快になる。

この季節、蚊やり器、各種取り揃え候とばかりに、出してくる。あのデザイン、この色、形。ただ、昔から豚の形をしたものは、私の好みではないので手もとにない。子どもの頃、さんざん嫌な形と思いつつも豚さんにお世話になったため、「自立しました」の証しで、南部鉄製の今の品々になった。

家のなかで邪魔にならない色と形が、夏の夜に「安心ですよ」とばかりに煙を静かに立ててくれる。まあ、しっかりしていて重たくて。私より長生きでしょう、断捨離されない限りね。線香は殺虫剤ではなく防虫剤を。目高《めだか》はもちろん、人間にもやさしい。ただ、蚊だけ防いでください、と頼みながら。

しかし、モノを増やさないことと自分に銘じながら、年を重ねるたびに嗜好が変わり、色合いや材質の違ったものがほしくなる。これでは死ぬまで買い物か？と心配にもなる。

水うちわ

見た目は透けていて涼しげ。昔は水をつけてあおいだとか？もったいないので遠目に透かし、楽しんでいる。

豆の保存

梅雨を過ぎると、どこから発生したのと思うほど、それぞれの食材にそれぞれの虫がつく。1年に一度しか採れないこんなに大切なおいしいものを食べられてしまってという失敗も幾度か。ところが、ビニール袋でも虫がわくのに瓶やペットボトルなら大丈夫の不思議。眺めているだけで楽しい、穀類の素晴らしい保存方法。

苔玉【こけだま】

石鉢にケト土を盛り、苔を張った。名前のわからない庭の芽を一緒に植えて。雨が降ると、庭に出して雨をいっぱい与える。苔にとっては、何よりのご馳走のよう。大きくなった芽が「私の名は○○です」と、名乗るときを楽しみに。

昼顔【ひるがお】

朝顔、昼顔、夕顔がある。朝顔、夕顔はともに咲いている時間が短いけれど、昼顔は夕方までしっかり咲いてくれる。しかも、アスファルトの熱風と車の排気や雑草にもめげず、きっと毒があるのに違いないと思っていたのだけれど、全草は利尿剤に、若芽は食用になるんですって。失礼しました。

おから入りつくね

「罪悪感が多少なくなる肉料理ですよ」とお客さんにお出しすると「安心して食べよう！」と。誰もが健康を気にしているんだなあ。

材料

A
- 豚赤身ひき肉…250g
- おから…50g
- 玉ねぎみじん切り…75g
- 卵…$\frac{1}{2}$個

トマト…2個
玉ねぎ角切り…1個
油…大さじ2
ウスターソース…大さじ2
塩・こしょう…各少々

1. Aを混ぜ、ひと口大の団子をつくる。トマトを乱切りにし、角切りの玉ねぎと油で炒める。

2. ウスターソース、塩・こしょうを加えて味を調え、団子を加え、蓋をして火を通す。

大暑の頃

暑気いたりつまりたる
ゆえんなればなり

こよみ便覧

1年で最も暑いとき。このあたりから立秋までが夏の土用であり、暑中と呼びます。
土用には虫干しをするほか、土を掘り起こしてはいけない、うなぎ・梅干し・うどんなど、「う」のつくものを食べると病気にならないとも言われています。梅を干すのも、土用の頃です。

小暑	7月21日	
	7月22日	
大暑	7月23日	
	7月24日	
	7月25日	
	7月26日	
	7月27日	
	7月28日	
	7月29日	
	7月30日	
	7月31日	
	8月1日	夏土用の丑の日 ※二の丑
	8月2日	
	8月3日	
	8月4日	
	8月5日	
	8月6日	
立秋	8月7日	笹の節供(七夕) ※旧暦
	8月8日	

※2018年2月(立春)～2019年2月(大寒)のもの。毎年変動はあるが、ほぼ表記の頃。

貝の皿にトマト

この季節だけの貝のお皿に真っ赤なトマト。季節限定は楽しいが効率的ではない。でも、来客に冷えたこのひと皿は、どんなお菓子より喜んでいただける。

1. 湯むきしたトマトに、さしすか、酢とはちみつを混ぜたものをかけて冷やし、仕上げに黒の粗びきこしょうをふって。

- **さしす**
  梅干しをつくるときにできる甘梅酢。著者オリジナルの人気レシピ。

完熟梅…1kg
砂糖…300g
塩…100g
酢…800mℓ

1. 梅を洗ってヘタを取り、水気を切り、すべての材料を合わせて漬け込む。
2. 夏の土用の頃まで漬けたら取り出し、三日三晩、天日に干す。さしすは遮光瓶で保存する。

初夏の手すさび

〝手すさび〟と言えば、そうかもしれない。「仕方なく」するのではなく、「何となく」してしまう、それがまた楽しい。「手慰《てなぐさ》み」とも言える。数ある手すさびのひとつが、小刀を持って小枝をちょっと削ること。カーブと言うより、曲がっていたりすると、趣きが生まれる。庭にある黒竹、桜、柿、柏、朴、黒文字の木、桑など、食べられる木を選んで遊ぶ。なかでも初夏に選びたいのは山椒の枝。削る間も山椒の香りは鼻から体中に届く。食後、歯間のひっかかりに使うと、口中がピリリと辛く、さわやかだ。爪楊枝はもともと柳でできているが、それにも鎮痛作用があり、歯痛止めの効果があるからと、選ばれる理由がある。山椒も決して負けていない。日々の手すさびにも、捨てたものではない発見がある。

鉛筆よりちょっと太目は細いすりこ木に、小枝は爪楊枝に。
細い山椒すりこ木、小さなすり鉢で大いに働いてくれて、とても満足

切りたての枝は水分を含んでいてやわらかく、削りやすい。削ったくずは、干して香炉であぶり、再び香りを楽しむ。捨てるところなし

秋

立秋《りっしゅう》

新暦　8月7日頃
旧暦　7月頃

しつらいとは〝その日〟に向かう助走

真夏、日が長くて照明など決していらない明るさのなか、主婦のわがままと言おうかご褒美と言うべきか、夕食前に湯船に浸かる。ぬるめのお湯に、外の風をいっぱいに注ぎつつ。道路では、夏休みの子どもたちが大きな声で遊びまわっている。自転車に乗ったり、かけっこをしたりの様子が手に取るようにわかる。まだ蝉も鳴いている。「ああ、気持ちいい」。

夕食は糠漬けのきゅうり、トマトやキャベツのサラダ。蒸しなすはすでに冷えている…と献立の算段。そうそう、蒸しなすには酢じょう油と畑の青じそをたっぷりと。旬の野菜の食卓が湯船でき上がる。20分、ゆっくり浸かって汗たっぷり。こんな何気ないことにリセットされ元気の源になる。

8月は旧暦の七夕やお盆など行事の多い月。7月の中旬過ぎから、しつらいをはじめる。8月8日には七夕様は終わり、お盆も8月13日に仏を迎え、16日には送り盆を済ませていつもの日々に戻る。しつらいは〝その日〟に向かっての助走のよう。そのしつらいを中心に、家のなかや気持ちを行事に向かい調えて。

ほかの地方では七夕人形はめずらしがられる。松本を中心に中信地方で広がっているが、我が家も昔から七夕人形に子どもの成長を託す。紙のものや木づくりで本物の子どもの着物を着せるものなども。軒下に飾り、夏の風に吹かれ、禍《わざわい》やけがれを祓《はら》ってもらおうと。糸車に竹笹を添えて、今年も「いろいろな禍を持っていって」と、勝手な願い。

八頭と硯【やつがしらとすずり】

七夕といえば、蓮の葉に光る朝一番の露を集めて墨をすり、短冊に願い事。何と風流なんでしょう、優雅このうえない。私の育った地方は蓮根が育たず、「里芋の葉の露を集めて」と祖母に言われたもの。蓮も里芋も同じように露をためてくれる。畑から八頭の芽を掘り起し、大鉢へ。しつらいの一角は、猛暑のなかでも、涼を呼んでくれる。

糠漬けの樽【ぬかづけのたる】

我が家の糠漬け。三度三度の食卓に登場。何よりも夏野菜をおいしくしてくれて、ビタミンB1を摂れるのがうれしい。

切りっぱなしのまな板【まないた】

私の好きな調理道具のひとつにまな板がある。森林組合で地元産の木をまな板用に切ってもらう。いちょう、スギ、アカシアなど、いろいろ。形もサイズも個性的で香りも異なり、料理するときも、切り具合、包丁のあたり具合も楽しみのひとつ。何よりも地元の食材を地の木で、これが何よりの調味料。

緑のカーテン
【みどりのかーてん】

部屋が暗くなってしまうほどの緑のカーテンが我が家にある。その一室は気温が１度は低いだろう。木通(あけび)、野木瓜(むべ)、美男葛(びなんかずら)を主体とし、時計草に朝顔もからまる。春からいろいろな花が咲き、秋には、しっかりそれぞれの実を付けてくれる。とても重宝で楽しみなカーテン。

えのきコロッケ

無農薬とばかりに庭の山葡萄（やまぶどう）の葉は、お皿代わりに重宝。今日はえのきコロッケと、紫キャベツの千切りを載せて。

1. いつものコロッケの材料にえのきの瓶詰めを混ぜるだけ。味付けいらず。

紅しょうが漬け

とにかくおいしい「さしす」で漬けた紅しょうが。3kgも漬けて冷蔵庫に。しそも大いに実力発揮で、いい紅色を出してくれた。

材料
しょうが…1kg
塩…大さじ2
赤しそ…300g
酢…100cc
さしす…800cc（つくり方はP85）

1. しょうがは洗ってから分けやすいところで切って小さくし、適量の塩をすり込む。
2. 赤しそを洗って水を切り、塩大さじ2を加えてよくもみ、洗う。
3. **2**を酢で洗い殺菌する。
4. しょうがと赤しそを交互に瓶に入れ、さしすを注ぐ。
5. 冷蔵保存し3日目くらいから食べ頃に。

ブルーベリーとゼリー

信州フルーツはとにかく生で食べることが一番。でも、お客さまにはちょっとおしゃれに。スプーンですくったり、つぶしたりして紅茶の伴。

材料
寒天…2g
水…200cc
ブルーベリー…150g
はちみつ…適量

1. 寒天はゆっくりと水で戻してから200ccの水で煮溶かし、固める。
2. ゼリーをつきくずして器に入れ、ブルーベリーとはちみつを好みで添える

立秋の頃

初めて秋の気立つがゆえなり
こよみ便覧

暑さの盛りといえど、雲を見れば秋の気配。暑中見舞いから、残暑見舞いに切り替えて、8月中に出しましょう。
暦のうえでは秋。信州ではお盆が明けると涼しい風が吹き、空を見上げれば、うろこ雲にいわし雲（いずれも巻積雲）と、秋の気配はそこかしこに。

大暑	8月5日	
	8月6日	
立秋	8月7日	笹の節供（七夕）※旧暦
	8月8日	
	8月9日	
	8月10日	
	8月11日	山の日
	8月12日	
	8月13日	迎え盆 ※旧暦
	8月14日	
	8月15日	お盆 ※旧暦 終戦記念日
	8月16日	送り盆 ※旧暦
	8月17日	
	8月18日	
	8月19日	
	8月20日	
	8月21日	
	8月22日	
処暑	8月23日	地蔵盆 ※旧暦
	8月24日	地蔵盆 ※旧暦

※2018年2月（立春）～2019年2月（大寒）のもの。
毎年変動はあるが、ほぼ表記の頃。

処暑《しょしょ》

新暦　8月23日頃
旧暦　7月頃

真夏の三日三晩

暦のうえでは秋なんだけれど、信州では夏真っ盛り。暑くなると、家中の戸を簾戸《すど》に替える。いわゆる風通しの良い夏戸。毎年、家族の手を借りると「えーっ」「また？」との反応。「暑い夏をしっかり乗り切るぞー」の証しなのに。

暑い夏の恵みが、オリジナル調味料「さしす」に「さしす干し」。年々使ってくださる方も増え、方々で「おいしい」の声を聞く。煮物、たれ、漬物、ドレッシング、いろいろ使える。どれも梅の香りとクエン酸たっぷりなのが何よりうれしい。

梅を干すには天気が一番の条件なのだが、ざるの質や干す場所など、いろいろな要素がからんでくる。まず、ざる。梅が載る面は竹の皮の部分が当たっているのが望ましい。中国製などの安い品は、竹を何枚にも削ってつくるらしく、皮でないところが表になっている。これでは、梅がはりついて破れてしまう。

場所は一日中、太陽のあたるところがいい。そして、必ず、三晩とも夜露を受けること。ぐっすり眠ってはいられない。梅の皮がしっとりとして軟らかくなるのも不思議だ。昔の人は何事もよく知り尽くして、「三日三晩」と、呪文のように、唱え伝えてくれたのだろう。（85頁参照）

そうして干し上がった私の「さしす干し」。今年の夏の太陽をいっぱい吸収し、一年中の健康を守る核となってくれる。「梅はその日の難逃れ」と言われているように、健康以外の願いも託されている。あの小さなひと粒に。何と健気《けなげ》なことか。

間仕切り【まじきり】

ちょっとしたコーナーの間仕切りにも、夏は手染めのガーゼを使う。上下につっぱり棒を張って。夏はとにかく、戸を開け放して風の通り道をつくらなくては。風も通るけれど、目隠しにもなって何とうれしい。のれんに間仕切り、カーテンまで風に揺れる様も、いたって涼しげで、おすすめ夏のアイテム。

窓辺の簾も夏の風物詩。掛かっているだけで涼やかな気配

ある年は計25升ほどの「さしす」ができた

さしす干し【さしすぼし】

「さしす干し」に「さしす」。私の梅漬けはひと粒で二度おいしい。梅干しも食べやすく、母に勝ったかなと仏壇で話しかけてみる。昔の人は保存性を高めるために塩分が多かった。「一升に三合」と口癖に言っていた梅漬け分量を実際に量ってみたら、25%の塩分。私は10%、「お母さん、塩辛いはず」。(P85参照)

お盆【おぼん】

蓮の葉がないので、山葡萄（やまぶどう）の葉を庭先から採り、夏野菜を盛る。手前は天龍村で迎え火用に使う「あかし」という、松の根を13cmほどに切ったもの。長野市では白樺や岳樺（だけかんば）の皮を焚くのだけれど。ところ変われぱいろいろで面白い。

おしぼり

和の手ぬぐいを半分に切り、端をちくちく縫ってくるっと巻く。ガラスの器に差し込みおしぼりに。下には庭の山葡萄(やまぶどう)の葉を敷いて。枯れたらすぐ取り換えも可能。たくさんあるので。和手ぬぐいを集めるのも楽しくなる。

鶏肉みそ

私の十八番(おはこ)の料理。鶏はもちろん地鶏を使い、季節の野菜をたっぷりそえる、時知らず料理でもある。

材料
鶏もも肉…250g
みそ…大さじ2
黄赤ピーマン…各2個

1. ひと口大に切った鶏肉にみそをもみ込み、ひと晩置く。
2. オーブン天板にクッキングペーパーを敷き、鶏肉とひと口大に切ったピーマンを並べ200℃で15分焼く。

白玉おやつ

白玉粉はもち米を寒中に晒してつくる、手のかかった粉。寒中作業の品を真夏においしい、おいしいと食べる、ありがたいこと。

1. 白玉粉の袋に記載の分量で団子をつくり、沸騰した湯でゆで、冷水に取って氷を張る。
2. 好みできな粉と黒蜜を添える。

りんごジュースピクルス

りんごジュースの甘みを生かしてピクルスもつくり置き。漬け汁もドレッシングやソースにと重宝する。

材料
- りんごジュース…320mℓ
- 酢…100mℓ
- 塩…大さじ1
- ローリエ…3枚
- クローブ…3粒
- 野菜…お好みで

1. 野菜の大きいものはひと口大に切り、沸騰した湯でさっと茹でる。
2. すべての材料をあわせ、水を切った野菜を浸す。

処暑の頃

陽気とどまりて
初めて退きやまんとすればなり
こよみ便覧

暑さが収まり、風を心地良く感じる頃。夏の入道雲と秋のいわし雲が一緒に浮かんでいることもあります。立春から数えて二百十日、二百二十日は、台風が襲来する特異日とも言われています。名残惜しいですが、夏の道具の片付けも、そろそろでしょうか。

立秋	8月21日	
	8月22日	
処暑	8月23日	地蔵盆 ※旧暦
	8月24日	地蔵盆 ※旧暦
	8月25日	
	8月26日	
	8月27日	
	8月28日	
	8月29日	
	8月30日	
	8月31日	
	9月1日	二百十日
	9月2日	
	9月3日	
	9月4日	
	9月5日	
	9月6日	
	9月7日	
白露	9月8日	
	9月9日	菊の節供(重陽) ※新暦

※2018年2月(立春)～2019年2月(大寒)のもの。毎年変動はあるが、ほぼ表記の頃。

白露《はくろ》

新暦　9月8日頃
旧暦　8月頃

その歴史1万年の信州長夕顔

都会の人が心底びっくりするような夕顔。「えっ、これ何ですか？」「夕顔と言って、かんぴょうや煮物になるのよ」と、ちょっと自慢気な私。自分が育てたわけでもないのに。さらに、値段の安さに二度びっくり。100円から大きいもので400円どまり。もちろん、一度では食べきれない。

夕顔はひょうたんと並び、古い栽培種で1万年も前から型の変わらない野菜で、栃木の丸夕顔と信州の長夕顔の2種類だけと、野菜の権威、農学博士の大井美知男さんに教わった。

池田、松川、常盤、八坂、大町などの北安曇地方では、大昔から手製のかんぴょうづくりは、どの家でも必ずやっていた。だって、どこにも売っていなかったのですから。夏の風物詩そのもの。とくに池田町の内鎌《ないがま》かんぴょうは、信州の伝統野菜にも認定されている上質な品。

私はかんぴょうづくりが得意。古いかんぴょう台（35×11㎝）のうえで、長さ5㎝の輪切りを2㎜厚さの桂むきに。2㎜の厚さになるよう両端に木が付いていて、大変な桂むきもするすると（次頁参照）。しかし、よくできている。栃木の丸夕顔は、手でくるくると回すと帯状になる機械があるらしい。しかし、信州は昔からこの木の台。我が家のかんぴょう台は、裏に「昭和九年八月吉日」とある年代物。黒光りで虫くいの穴もある風情がとても好ましくて、置くだけでも、風格のある私のお気に入り。小花と夕顔を一緒に。「様になるじゃない」とひとり悦に入る。

かんぴょう

100円の夕顔が１本あると、１年分のかんぴょうが干し上がるのが何よりうれしい。市販品は値が張り、漂白までして不満いっぱいだ。煮物やみそ汁の具にしてもおいしくて重宝もの。残暑のなか、今年はもう何本食べられるかな。

鍋敷き【なべしき】

ベトナム旅行の折、アジアの方のアイデアにあっと驚くとともに感激し、抱えるほど買ってきた。大、中、小とある。鍋は真下の底より周りのほうが熱い。このスタイルがとても据わりがいい。たまにはガラスの皿を置いたりもできる。

提灯【ちょうちん】

私の住んでいるところはお祭りがとても多い地域。笛、太鼓に花火まで。そんな夜は小さな提灯に火を灯していろいろな音に聴き入りながら冷酒を一杯。

沼目白瓜漬け
【ぬまめしろうりづけ】

信州の伝統野菜の沼目白瓜を届けていただく。20kg。到着してから忙しい。洗って種を取って塩漬け。それまでに器に塩に「大丈夫かな」と、頭がグルグル回る。大きな木樽でまず、一番工程の塩漬け完了。おいしく漬かりますように。

じゃがいも玉ねぎドレッシング

皮の赤いじゃがいもを素揚げし、重ねる。来客は赤い色から「ハム?」と。でも、じゃがいも！ 普通の白いじゃがいもとのコンビも面白い。

材料
- じゃがいも…2個
- 玉ねぎ…1個
- いんげん…適量
  (ピーマンなどでも)
- さしす…適量(つくり方はP85)

1. じゃがいもは8㎜の輪切りにして素揚げする。
2. 玉ねぎはみじん切りにし、さしすに漬ける。
3. **1**と**2**を交互に重ね、うえからもさらに**2**をかける。

油揚げと干しえのきのみそ汁

えのきがたっぷり手に入ったら干しておくと便利。煮物に、みそ汁に。旨みが凝縮して、えのき自体のだしもよく出る。

1. 細切りにした油揚げと干しえのきをだしでゆで、みそを溶く。

白露の頃

陰気ようやく重なりて
露こごりて白色となればなり

こよみ便覧

草木に露の結ぶ頃。露が白く輝くことからそう呼ばれ、本格的な秋のはじまりを告げます。
この季節は仲秋と呼ばれ、初秋と晩秋に挟まれる季節です。秋分を目前に、後半は秋の彼岸入りとなります。秋にやってくる前線のおかげで、長雨が続きがちな季節です。

処暑	9月6日	
	9月7日	
白露	9月8日	
	9月9日	菊の節供(重陽) ※新暦
	9月10日	
	9月11日	二百二十日
	9月12日	
	9月13日	
	9月14日	
	9月15日	
	9月16日	
	9月17日	敬老の日 ※第3月曜
	9月18日	
	9月19日	
	9月20日	秋の彼岸入り
	9月21日	
	9月22日	
秋分	9月23日	秋分の日／社日(秋) ※秋分に一番近い戊の日
	9月24日	十五夜(中秋の名月・芋名月)

※2018年2月(立春)～2019年2月(大寒)のもの。毎年変動はあるが、ほぼ表記の頃。

夕顔の煮物

夕顔の料理はさまざま。みそ汁、煮物、みそ炒め。刺身と言って、蒸したものを冷やして薄切りにし、辛子じょう油で。まさに、畑の刺身。

材料
- 夕顔…1kg
- さつまあげ…2枚
- 水…200cc
- 煮干し…5g
- A
  - 酒…50cc
  - 砂糖…大さじ2
  - 薄口しょう油…大さじ4

1. 夕顔は皮をむいてひと口大に切り、綿をなるべく残して種を取る。
2. さつまあげをゆでる。
3. 鍋に水を入れ、**1**と**2**、煮干しを入れて煮る。
4. Aを加えて味を調える。

秋分《しゅうぶん》

新暦　9月23日頃
旧暦　8月頃

夏と秋のせめぎあい

お彼岸前の朝、ストーブをたいてしまった。寒さに耐えられなくて。長野市の最低気温が8度台まで下がったその朝のこと。「うちはえびす講が暖房の目安です」と、嫁いだときに言われた姑の決め事を忘れたわけではないのだけれど、仏壇に「うふっ」と笑いかけながら。昨日まで半袖姿、家の建具は夏戸に簾だというのに、ストーブの暖かさが何と心地良いことか。

ああ、もうトマトにきゅうりになすが来年の夏まで食べられないと、地場産コーナーで焦るように買い求める。「今日もトマトもきゅうりもおいしいじゃない。なすだってまだまだ固く締まってはいないぞ」と、おいしさを確認。

知り合いから栗にあみたけ、まいたけ、それに、松茸まで届いたのに。秋の虫はいっぱいに鳴き、彼岸花が咲き、金木犀も香るのに。苔玉に植えた芒《すすき》に、竹とんぼを飛ばせ、季節のしつらいはでき上がっているのに。行く夏ばかりを惜しみ、秋に急ブレーキをかける。朝晩の寒さが日ごとに増して山の木々が色づくと、すっかりあきらめて秋を受け入れるのだけれど、晴れ晴れとした夏野菜への執着は何だろう。自分の人生の、夏と秋のせめぎ合いなんでしょうね。寂しいな。

山の雑きのこはなすと一緒に煮ると毒消しになると昔の人は言う。何の根拠もないそうだが、きっと今頃の季節なんでしょう。秋の風物詩と末の初物、交差する季節の出会いを楽しんだに違いない証拠。

小さな柿

直径3cmほどの小さな柿を枝ごといただいた。「まあ、うれしい」「誰も食べないの」と言うのだけれど、小さな柿は飾ると、とてもいい姿。南から届いたすだちの緑を足元に置いて、秋の色を堪能。毎日、ひとつ、ふたつと食卓でいただきながら。

夏雪蔓【なつゆきかずら】

旧暦ではまだ8月のはじめ。夏雪蔓という名前だけあって、この季節に夏の雪のように咲き、地面も真っ白にする。新暦の真夏には少しも咲かず、ちゃんと自分に合った季節を知っていることに感心する。繁殖力も旺盛で、つる状に茂り、うっかりすると2階まで伸びてしまうのが少し難点だけど、私の大好きな花。

万年筆【まんねんひつ】

万年筆がとても好き。しかも太字が書けるペン先が。鉛筆は3Bと決めて。太字で軟らかいと下手な字もごまかしがきくうえに手が疲れない。その点、ボールペンは細字用が多く、欠点があらわになる。使い捨てが多いのも気に入らない。万年筆は詰まったら洗ったり、ペン先を替えたりしながら長く使える。一生使えるように色、柄ともに、気に入った品を求める。

蓮の芽【はすのめ】

韓国で求めた蓮の種を、字が読めないまま絵にしたがい、種に傷を付けて水に浸しておいたら、数日でもやしのような芽が出た。かわいくて仕方がない。これで根付いて花が咲いたらどうしようなんて、ドキドキしている。

カオ・マンガイ

タイの郷土料理で、大好きなごはん。『今日はタイ料理をつくろう！』（信濃毎日新聞社刊）を開いて下調べ。私なりに野菜もたくさん添えて。

材料（4〜5人分）

米…4合
鶏もも肉…2枚
ナンプラー…40cc
しょうが・玉ねぎ・にんにく（みじん切り）…各大さじ4
たれ
- しょうが…大さじ2
- ナンプラー…小さじ4
- 水…大さじ2

1. 鶏を熱湯でさっとゆで、霜降りにする。
2. 炊飯器に米、しょうが、玉ねぎ、にんにく、ナンプラー、鶏を入れて炊く。

大豆のだしじょう油漬け

大豆を戻すときは、いつも炊飯器を使う。子どもたちが学生時代、独り暮らしに使った三合炊き。もう20年以上も経つのに健在。箸休めに重宝。

1. ゆでた大豆をだしじょう油にひたひたに漬ける。

秋分の頃

陰陽の中分なればなり

こよみ便覧

春分同様、昼と夜が同じ時間となり、太陽は真東から昇り、真西に沈みます。極楽浄土が西にあるとされることから、春分・秋分には先祖の供養をするようになったそう。秋分の日は彼岸の中日。祖先を敬い、亡くなった人々を忍ぶ日として、祝日に制定されています。

白露	9月21日	
	9月22日	
秋分	9月23日	秋分の日／社日(秋) ※秋分に一番近い戌の日
	9月24日	十五夜(中秋の名月・芋名月)
	9月25日	
	9月26日	秋の彼岸明け
	9月27日	
	9月28日	
	9月29日	
	9月30日	
	10月1日	衣替え
	10月2日	
	10月3日	
	10月4日	
	10月5日	
	10月6日	
	10月7日	
寒露	10月8日	体育の日 ※第2月曜
	10月9日	菊の節供(重陽) ※旧暦

※2018年2月(立春)～2019年2月(大寒)のもの。毎年変動はあるが、ほぼ表記の頃。

なすそうめん

秋なすに近いなすでそうめんを。なすの煮汁で、そうめんも一緒に。何とおいしいのだ。この秋、もう一度食べて本格的な秋を迎えよう。

材料
そうめん…好みの量
なす…500g
油…大さじ2
A 水…150cc
砂糖…大さじ1$\frac{1}{2}$
しょう油…大さじ3
みりん…大さじ1

1. なすは半分に切り、皮に斜めに切り込みを入れ水洗いする。
2. 鍋に油を熱して長なすの皮目を焼き、Aを加えて煮る。
3. ゆでたそうめんを添える。

寒露《かんろ》

新暦　10月8日頃
旧暦　9月頃

月を愛でる季節

「よこやまさーん、ちょっと来て」。近所の畑から声がかかった。「すわ」とばかりに、そのへんの空き袋とはさみ持参で走る私。雨上がりの日曜日。雨水をいっぱい吸い込んで、生き生きとした野菜が畑で光っている。「この韮《にら》採って」「このなす、少し大きいけど」「細ねぎも持っていって」。ご近所の好意で「食べきれないからね」と、いただく。

韮はゆでて、鰹節に出汁じょう油。何と春先のように軟らかい。なすは切ってみると皮は少し硬いが種もなく、すぐ煮物に。先に皮だけ焼いておくのがポイント。色良い仕上がりになる。豆腐に細ねぎのみそ汁を添えれば、何と新鮮で、ぜいたくな食卓なんだろう。それにおいしい。信州の人たちは、家庭菜園でいろいろな野菜づくりをする働き者が多く、これぞ長寿を支えるポイントであり、日本一野菜を食べると言われる証明。

この時季は果物も多い。春に花が咲き、夏の太陽を自分の実にいっぱい抱え込んだ果物の数々。果物王国信州の豊かさ。春、夏、秋の喜びを、一番美しい季節の月にお供えする。

そう、いよいよ月を愛でる季節。9月から10月までのあいだは月と兎《うさぎ》をあしらった茶器セットや、大小さまざまな白兎の置物など、おなじみの兎が家のあちこちらに現れる。毎年登場する白兎。12年に1回しか出番のない気の毒な干支《えと》も多いなか、兎は「恵まれているね」とばかりに、大切になでながら飾っている。

月の宴【つきのうたげ】

月の満ち欠けを染め抜いた手ぬぐいで日本酒の瓶を被い、竹の酒器と数種の酒杯（さかずき）、肴（さかな）もお膳に入れて。お月様の一番近いところで手元だけ照らし、月の明かりを楽しみながら、乾杯。

金色の満月の下に秋草のなかを遊ぶ兎が描かれた茶器。秋そのものの柄。飾りながら、使いながらのしつらい

五徳にも兎（うさぎ）を模った鉄製のものを準備

紅白の水引【こうはくのみずひき】

庭に紅と白の水引がある。白は特別に「銀水引」と呼ばれる。銀色は姑が大切にしていた花で、私が受け継いでいる。紅は友人にいただいたもの。繁殖力はどうも紅の方が強く、切り花にしても水上げが良い。押され気味の銀に、来年はもう少し伸び伸びする場所を与えてあげなくてはと思っているところ。抱えるほど切って、大水鉢を家のなかで楽しむ。

亀山蝋燭【かめやまろうそく】

昭和2年創業の、蝋燭や線香の老舗から発売されている和モダンの「和遊10分蝋燭」。現代の暮らしに合わせて10分間だけ燃焼する小さな蝋燭。筒函のデザインも去ることながら、五色の芯が華やかで楽しい。毎朝、10分間は気持ちだけ仏壇に。

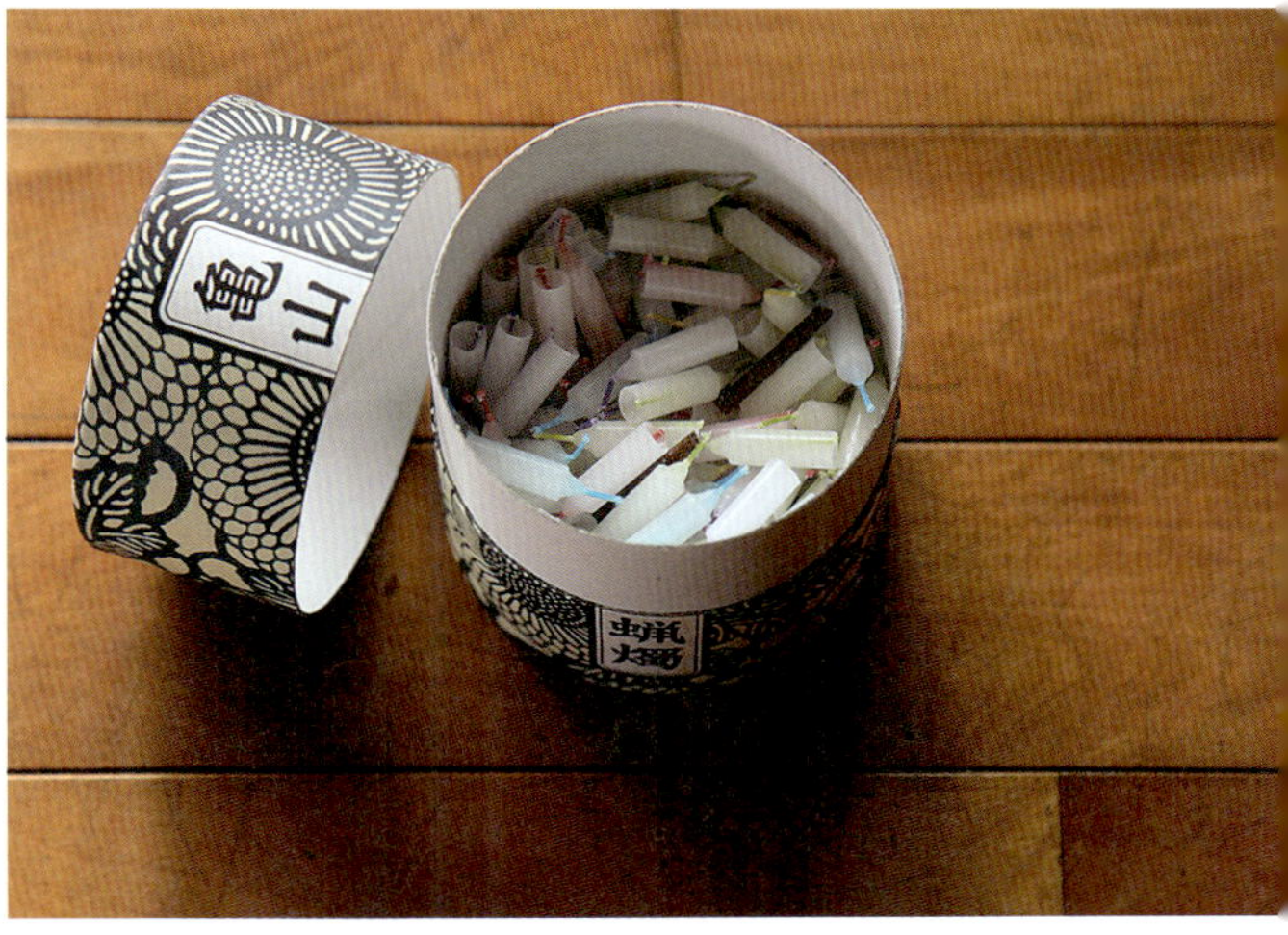

炊き込みごはん

秋は、炊き込みごはんが増える。栗、むかご、南瓜（かぼちゃ）、さつま芋、里芋、秋刀魚（さんま）、代表格がきのこ。香りと、ぬめりとを味わいながら。

材料（4人分）

- 米…2合
- えのき…150g
- 油揚げ…2枚
- 酒…大さじ2
- 薄口しょう油…大さじ1
- 塩…小さじ$\frac{1}{2}$

1. えのきは3cmに、油揚げは油抜きしてから同様に切る。
2. 水切りした米に調味料を加えてから水加減し、えのきと油揚げを加えて炊く。

大根と手羽煮

まだ夏大根と呼ばれる季節。少し辛味があって硬く、突っ張っているような、尖っているような。鶏手羽と煮込むと突っ張りと尖りはすっかり取れる。

材料

- 手羽先…4本
- 大根…600g
- にんじん…100g
- 油…大さじ1
- 水…200cc
- 酒…大さじ2
- 砂糖・しょう油…各大さじ$1\frac{1}{2}$

1. 油を熱した鍋で手羽煮焼き目を付け、大根、にんじんを加えて水を注ぎ、蓋をして火を通す。
2. 調味料を加えて煮詰める。

寒露の頃

陰寒の気に合って
露のむすび凝らんと
すればなり

こよみ便覧

草木に結ぶ露も冷たさを増す頃、五穀の収穫は最盛となり、農家は繁忙期を迎えます。
秋の長雨もそろそろ収まり、澄んだ空気のもと、月が一層美しく夜空に映えます。次第に夜が長くなるのを感じるときでもあります。ちらほらと、紅葉の具合も伝わってくる頃。

秋分	10月6日	
	10月7日	
寒露	10月8日	体育の日 ※第2月曜
	10月9日	菊の節供(重陽) ※旧暦
	10月10日	
	10月11日	
	10月12日	
	10月13日	
	10月14日	
	10月15日	
	10月16日	
	10月17日	
	10月18日	
	10月19日	
	10月20日	秋土用入 ※立冬の直前までが土用
	10月21日	十三夜 (栗名月・豆名月)
	10月22日	
霜降	10月23日	
	10月24日	

※2018年2月(立春)～2019年2月(大寒)のもの。毎年変動はあるが、ほぼ表記の頃。

丸なす蒸し

実がしまって一段とおいしい丸なす。信州でも、北信地方でとても好まれる。あいだに鶏のひき肉をはさむ。少しの酸味がますますおいしい。酢じょう油で。

材料
丸なす…4個
片栗粉…適量
A
豚ひき肉…300g
玉ねぎ…$\frac{1}{2}$個
干ししいたけ…2枚
しょうがみじん切り…小さじ1
パン粉…大さじ4
卵…$\frac{1}{2}$個
しょう油…大さじ1

1. 丸なすを横半分に切り、間に片栗粉をふる。
2. Aの材料をあわせて丸なすにはさみ、15分蒸す。

霜降《そうこう》

新暦　10月23日頃
旧暦　9月頃

ささやかなことの集まり

冷蔵庫で瓶の中身が機嫌を損ねている。私の大事な保存食だ。無添加だから仕方がない。試しにちょっと食べてみる。「うん、まだ味は変わっていない、おいしいじゃない」と、汁だけ取り出して沸騰させ、浮いた白いものだけ網ですくい、再び具にかけて瓶に戻す。漬かり過ぎた漬物はみじん切りにして酒少々をふりかけておく。生の野菜と合わせたり、おひたしに混ぜると調味料となる。「手づくりの発酵調味料」と、ひとり悦に入る。

服の袖口から糸が5cmほど出ていた。表からはわからないけれど、引っ張ると糸はずーっと抜け、袖口はビロビロとなるのは明らか。そっと裏返して、その糸でほつれを直す。

忙しいなかでも、どうしても手縫いがしたい。家のなかではままならず新幹線の車中で縫っている。東京までの1時間半は大切な手縫い時間。凝ったものは大の苦手。雑巾が縫えるような運針が大好きで、ずっと縫っていたいと思うほど。台所の棚には、手縫いを施した布巾と雑巾がずらりと並ぶ。

挿し木をしようと、空き瓶に入れておいたバラの枝。あまりにきれいなので、友人からいただいてきた。モクモクと根が出てくれた。今のうちに土に植え替えよう。花が咲くのは私が何歳のとき？と思いながらも。

目に見えて大きく変わることは何ひとつないけれど、こまごまと1日が終わる。どこかやり終えた安堵感と満足感。明日も元気で迎えられる私の暮らしの調味料。

虫【むし】

昔は、興梠（こうろぎ）が黒くぴょんぴょんはねる姿がよく見られたのに、最近見かけない。でも、夕方には大音響で鳴いてくれるいろいろな虫たち。芒（すすき）の葉でつくった虫を篭に入れ、ブリキでできた虫も一緒にしつらえながら外の音を楽しむ。以前は私もつくったが、すっかり忘れてしまったので、知り合いに手づくりをいただいた。

1枚の芒の葉で編み込んだ虫を、取りたての芒にちょんと載せ、花器に入れる

百日草【ひゃくにちそう】

私の花畑は、百日草だらけ。この花が大好き。もう20年前に、近所の年輩の方から種をいただいて以来、毎年、同じ繰り返しを楽しんでいる。原産は何とメキシコなんですって。とても日本風なのに。「百日草」の名前がいい。長寿日本一の信州、百歳までの人生も珍しくなくなりましたが、「百」にあやかりながら、ずっと毎年、蒔いては咲かせられますように。

百日草と生けたのはざくろ。前の杏畑に実るが持ち主はほったらかし。頼んで3個いただく。ひとつずつ瓶に入れ、上質な焼酎を注ぐ。昨年の今頃仕込んだリキュールは、本当に飲み頃の色と香り

シードステッチ

気まぐれに買った本で、シードステッチに出会った。名前と運針のちょっと細かい針の動きだけを気に入り、取り組む。布にひと粒ずつ種を蒔くように針を動かし、やがてにんじん、赤蕪が育った。布に糸と針で種を蒔く。これは感動と自画自賛。

黒豆ごはん

毎日のごはんに大豆を入れて炊き上げる。黒豆を入れると、ごはんが黒くなると家族が嫌がる。だから、来客時は黒豆ごはん。自分が食べたいばっかりに。

材料（4人分）

- 米…2合
- 黒豆…100g
- 黒豆ゆで汁＋水…400cc

1. 黒豆を洗いたっぷりの熱湯をかけてひと晩置く。
2. 1を柔らかくなるまでゆでる。
3. 米にゆで汁と水、黒豆を加えて炊く。

丸なすの粕漬け

いつもは下漬けをしないが、届いた日が忙しく、釘を入れた塩水にひとまず漬けて、手がすいたときに粕床へ。どんな味に仕上がるやら。

1. 10％の塩水に丸なすを白瓜の抜き粕に入れて漬ける。

- 白瓜の抜き粕
  白瓜を漬けたあとの粕床のこと。白瓜の粕漬けの詳細なレシピはP124に掲載

霜降の頃

つゆが陰気に結ばれて
霜となりて降るゆえなり

こよみ便覧

気温が氷点下まで冷え込み、露が霜に変わる頃。山々は紅葉し、絢爛な秋の装いへ。
きのこ、栗、りんご。信州らしい秋の収穫が、もりだくさん。初時雨もこの季節の言葉。ふいに強い雨が一時的に降り、その後は青空が顔を出す。そんな天気がみられたら、冬はすぐそこ。

寒露	10月21日	十三夜 （栗名月・豆名月）
	10月22日	
霜降	10月23日	
	10月24日	
	10月25日	
	10月26日	
	10月27日	
	10月28日	
	10月29日	
	10月30日	
	10月31日	
	11月1日	
	11月2日	
	11月3日	文化の日
	11月4日	
	11月5日	
	11月6日	
立冬	11月7日	
	11月8日	

※2018年2月（立春）～2019年2月（大寒）のもの。毎年変動はあるが、ほぼ表記の頃。

カステラとフルーツコンポート

金縁のガラス皿に、菊文様の漆小皿の取り合わせがとても気に入っている。果物のコンポートにカステラも加えて、秋の楽しいひと皿のできあがり。

1. 手元にあるフルーツやコンポートに、市販のカステラやクッキーを添える。はちみつやシロップをかけていただく。

白瓜の抜き粕

暑さも盛りを迎える頃、たっぷりの白瓜を漬ける。浅漬けに甘酢漬け塩漬けに粕漬けと、その種類も豊富。粕漬けをしたあとには、大量の酒粕が残る。白瓜だけに限ったことではないが、こうして漬け終わった酒粕のことを「抜き粕」と言う。残った酒粕を見て、なんとももったいない気持ちになる。では、とばかりにほかの野菜を抜き粕に漬け込む。もちろん、新しい粕で漬けた方が味や香りが良いけれど、抜き粕だって十分おいしい。「立冬」でご紹介している「赤大根の漬物」では、白瓜の抜き粕を応用。夏は粕漬け、冬は抜き粕漬けと、自然の恵みを余すことなく、いただきたい。

たっぷり収穫される白瓜。塩漬けの様子は白露(P103)に掲載

白瓜の粕漬け

材料

白瓜…10kg
塩…白瓜の 8%
酒粕…8kg
砂糖…1kg
塩…75g
※砂糖の量は好みで加減

1. 洗った白瓜の両端を落として縦に割って種と綿を取り、8%の塩をくぼみと全体に塗り付ける。
2. 切り口を横にし背と腹が重なるように詰め、同量の重しをして 1 昼夜置く。
3. 白瓜から出た水で洗い、水気を拭き、2 日間日陰干しにする。
4. 酒粕、砂糖、塩を手でよく混ぜる。
5. かめの底と白瓜のくぼみに**4**を塗り、互いにくっつかないように、下向きに入れる。
6. 一番上はふたをするように厚めの酒粕で覆い、和紙などで目張りする。食べ頃は約 1 カ月後から。

冬

立冬《りっとう》

新暦　11月7日頃
旧暦　10月頃

美しいものほど、毒がある

我が家の庭は蔓の植物が多い。青葛藤《あおつづらふじ》、木通《あけび》、野木瓜《むべ》、山葡萄《やまぶどう》、美男葛《びなんかずら》、定家葛《ていかかずら》、縷紅草《るこうそう》、風船葛《ふうせんかずら》、鉄線《てっせん》など、数えたらきりがないほど、私は蔓が好き。ぐんぐん伸びて、先は折れそうなか弱さなのに、からまる場所を探しながら、きちっと、自分の居場所を定めていく強さが好ましい。

とくに、雑草と思われがちな屁屎葛《へくそかずら》の実が路傍で黄金色に輝くその秋姿は、とても美しい。しかし、まったく、かわいそうな名前の多年草である。花はささやかなピンクでかわいいのだが、全体にどうも悪臭が漂う。だから、こんな名がついたんだろう。どんなに嫌われても、たくましく実るのが健《けな》気《げ》。悪臭も少なくなったこの頃、電器の笠に巻き付け、夕方、電球をつけると、再び黄金色を放ってくれる。

青葛藤はといえば、秋には小ぶりの巨峰かと思うほどの房になる。色も深い紫。自然のなせる造形美にため息が出る。「美しいものほど、毒がある」。その通説に青葛藤を事典で引いてみると、何と「人の命を支える、大地の薬箱」とあるではないか。

蔓、根、果実はそれぞれ、神経痛、リウマチ、関節痛に効果があるとのこと。さいわい青葛藤に頼るほどの病もないが、毒ではなく薬であることだけで万々歳。まずは花器でさんざん眺め、焼酎に入れてみよう。我が家の庭にあることのうれしさと、来年もたくさん実ってくれますようにという願い。そんな思いは蔓のごとく、次の秋にも向かって伸びる。

青葛藤【あおつづらふじ】

春の花は目立たず、気づかないうちに終わってしまうほど。輪切りにして日干しした蔓や根は、天然の薬効を持つ生薬。

屁屎葛【へくそかずら】

ひと月ほど遡った寒露の頃、屁糞葛の実はまだ青緑色。あまりの美しさにオアシスに巻きつけ、下から電池式の蝋燭(ろうそく)で照らし、楽しむ。

少し遅めの、芋名月

【いもめいげつ】

掘りたての里芋が手に入る。ずいきの皮をむいて干して、冬の保存食にしようと決めている。芋名月といえば旧暦9月の十五夜のことだが、まだまだ月が美しい立冬の頃、戸隠の竹細工のざるに里芋とずいきを載せて、明かりを灯して私だけの芋名月を、そっと楽しむ。

下栗芋【しもぐりいも】

長野県飯田市下栗、囲炉裏の火にかざして焼いた信州の伝統野菜の下栗芋を、えごまみそでいただく。これぞ伝統料理。伝統野菜も、その料理も、その地の生活があってこそのもの。〝日本のチロル〟と呼ばれる地に暮らす皆さんが、これからも伝統を守りながら末永く幸せであってくださるように願うばかり。

彩り根菜の素揚げ

根菜が出回ってきた。生もいいが、年を重ねると食べにくい。かと言って、煮ると色が失せてしまう。そこで、素揚げに。色が残り、とてもおいしい。

材料
- ビーツ…1個
- 赤大根…$\frac{1}{2}$本
- 黄・オレンジにんじん…各2本
- 油…適量
- 塩…適量

1. 根菜を細長い乱切りにする。
2. 180℃の油で揚げる。串を刺してすっと通るのが目安。
3. 揚げたてに塩をふる。
4. 鰹節を添えて。

赤大根の漬物

野菜の重量の2%の塩漬けにしてから、抜き粕に漬けたもの。漬けた方が一層、色鮮やかになり、食卓で紅葉を観る思い。白い、はやと瓜の漬物で紅白に。

材料
- 赤大根…$\frac{1}{2}$本
- はやと瓜…1本
- 塩…野菜の2%
- 白瓜の抜き粕…適量

- 白瓜の抜き粕
白瓜を漬けたあとの粕床のこと。白瓜の粕漬けの詳細なレシピはP124に掲載

1. 野菜はそれぞれ2%の塩をふって1時間置き、水分を拭いてから抜き粕に入れる。
2. ひと晩から10日ほど食べられる。

立冬の頃

冬の気立ち初めて
いよいよ冷ゆればなり

こよみ便覧

陽射しは弱まり、冬枯れする木立があちこちに。木枯らしが吹き、いよいよ冬のはじまり。
新暦で二十四節気をみると、季節が早く感じることが多いです。しかし、こと冬に関しては、信州の冬の訪れは早いもの。高い山々は、早々に白く化粧をはじめ、立冬にふさわしい様子。

霜降	11月5日	
	11月6日	
立冬	11月7日	
	11月8日	
	11月9日	
	11月10日	
	11月11日	
	11月12日	
	11月13日	
	11月14日	
	11月15日	七五三
	11月16日	
	11月17日	十日夜(とおかんや)
	11月18日	
	11月19日	えびす講(宵えびす)
	11月20日	えびす講(本えびす)
	11月21日	
小雪	11月22日	
	11月23日	新嘗祭 勤労感謝の日

※2018年2月(立春)～2019年2月(大寒)のもの。
毎年変動はあるが、ほぼ表記の頃。

秋刀魚のサラダ

秋刀魚は炭火、塩焼きが一番おいしいけれど、三枚におろしてくるっと巻いて止めて焼くと食べやすく、いろいろな添え物と一体となる。

材料
秋刀魚…1尾
塩…少々
トレビス…数枚
ビーツ…2～3枚
すだち…適宜

1. 秋刀魚を三枚におろして塩をふる。
2. くるりと巻いて楊枝で止めて焼く。
3. トレビスとビーツの千切り、すだちを添える。

小雪《しょうせつ》

新暦　11月22日頃
旧暦　10月頃

秋の実は、ひと粒で二度おいしい

実りの秋、日々あふれるほどの実に囲まれている。りんごに柿にと、皆が同じ時季にくださる。豊かな信州の証拠、うれしい悲鳴でもある。無花果《いちじく》、キウイフルーツ、その原種ともいえるさるなしも。木通《あけび》や棗《なつめ》になると、少々人気に欠けるが、私にはとてもうれしい実で、35度の焼酎に漬けて果実酒を仕込んでいる。昔、母たちがつくった梅酒からはじまる果実酒は氷砂糖が山ほど入っており、「フルーツより甘いじゃない」と、私は不満でいっぱいだった。今は、私の思うまま。しかも、楽しみながら薬にもなる。ひと粒で二度おいしいとは、このことだ。

南信州の友人からは、山椒《さんしょう》の実が届く。山のもの、棘《とげ》のもの、里のもの、計3種。それぞれ色と香りが違う。干して保存する瓶も特別で、研究者だった知り合いが「もういらない」と、くださった。以前はホルマリン漬けでも入っていたのかしら、と想像しながら。ゆがんだガラスに口元のすりガラスがなんとも言えない。山椒はゆっくり石臼で挽いて、うなぎとはいかないけれど、せめて秋刀魚のかば焼きにでもかけよう。

さて、紅葉の盛りのこの頃、学生時代の親しい友人らと一泊の温泉を楽しむ。「初体験」とばかりにびっくりする身体の変化も多いのだけれど、皆、体操にウオーキングにと、自己管理に余念がない。団塊の世代の私たちは、多過ぎる人数に苦労もあったが、今は皆でお年寄りになれることに安心感もある。元気で、塊《かたま》って老いに向かいたいもの。

渋柿【しぶがき】

山ほどの渋柿が黄昏（たそが）れてしまわぬように、一番低温な玄関に置き、来客とともに楽しむ。おまけに枝付きの小りんご。食べるのも惜しいほどかわいい。

南瓜【かぼちゃ】

こちらも食べるには惜しい形の南瓜だ。人によると、バターナッツといい、とても良い味とのこと。まな板に載るまでは目で楽しむ。ふっと視角をよぎると「うふっ」と笑っている自分がいて、南瓜１個に随分と和む。美しく紅葉した山葡萄（やまぶどう）の葉も一緒に。

すっかり乾燥した鬼灯（ほおずき）の造形の美しさといったら

枯れ蓮【かれはす】

お盆に買って供えた蓮の花が、すっかり枯れ蓮になった。同じ絵の掛け軸と一緒に床の間へ。「山深水寒」と書かれている。深山ではなくても、水道の水さえ冷たく、寒い季節になった。まだ、寒さを受け入れる心の準備ができないまま、軸を眺める。

七五三【しちごさん】

11月は七五三の季節。あちらこちらで見かけるお参りの親子に目を細めながら、毎年、木履(ぽっくり)を飾る。漆塗りにめでたい柄が描かれ、一気にその気分になれる。

紅葉と蝋燭【こうようとろうそく】

木で染まり、落ちてもう一度、地面を染める。拾って家のなかへ。山胡桃(やまぐるみ)の中心に蝋燭を灯し、落ち葉に光を当てる。この季節だけのぜいたく。

菊の酢の物

菊は絹の歯応えと言うけれど、絹を食べたことのある人はおそらくいないだろう。毎年、菊をキュッキュッと食べては「これがね」と、確認を繰り返す。

材料
食用菊…200g
塩…少々
甘酢…大さじ2

1. 菊を熱湯で塩ゆでし、すぐに水に放ち、水気を拭いて甘酢に漬ける。

- 甘酢の基本の分量
P16 参照

小雪の頃

冷ゆるがゆえに
雨も雪となりてくだるが
ゆえなり

こよみ便覧

平地にも初雪が舞いはじめ、本格的な冬の入り口。そろそろ冬支度をする頃です。お歳暮の準備も慌てることなく、この頃から。冬支度もお早めに。

小春日和とは、旧暦10月のこの頃に時折ある、寒い日の合間に見せる春のような暖かい日のことを指します。

立冬	11月20日	
	11月21日	
小雪	11月22日	
	11月23日	新嘗祭 勤労感謝の日
	11月24日	
	11月25日	
	11月26日	
	11月27日	
	11月28日	
	11月29日	
	11月30日	
	12月1日	
	12月2日	
	12月3日	
	12月4日	
	12月5日	
	12月6日	
大雪	12月7日	
	12月8日	

※2018年2月（立春）～2019年2月（大寒）のもの。毎年変動はあるが、ほぼ表記の頃。

山のきのこ汁

きのこ名人から山のきのこをいただく。杉の葉やいろいろな葉が付いていて、深山を思わせる。根菜を一緒に、みそ味でまとめ、ひと椀に。

1. 雑きのこはよく洗う。
2. じゃがいも、大根、長ねぎを好みの大きさに切り、きのこを加えゆで、みそを加える。

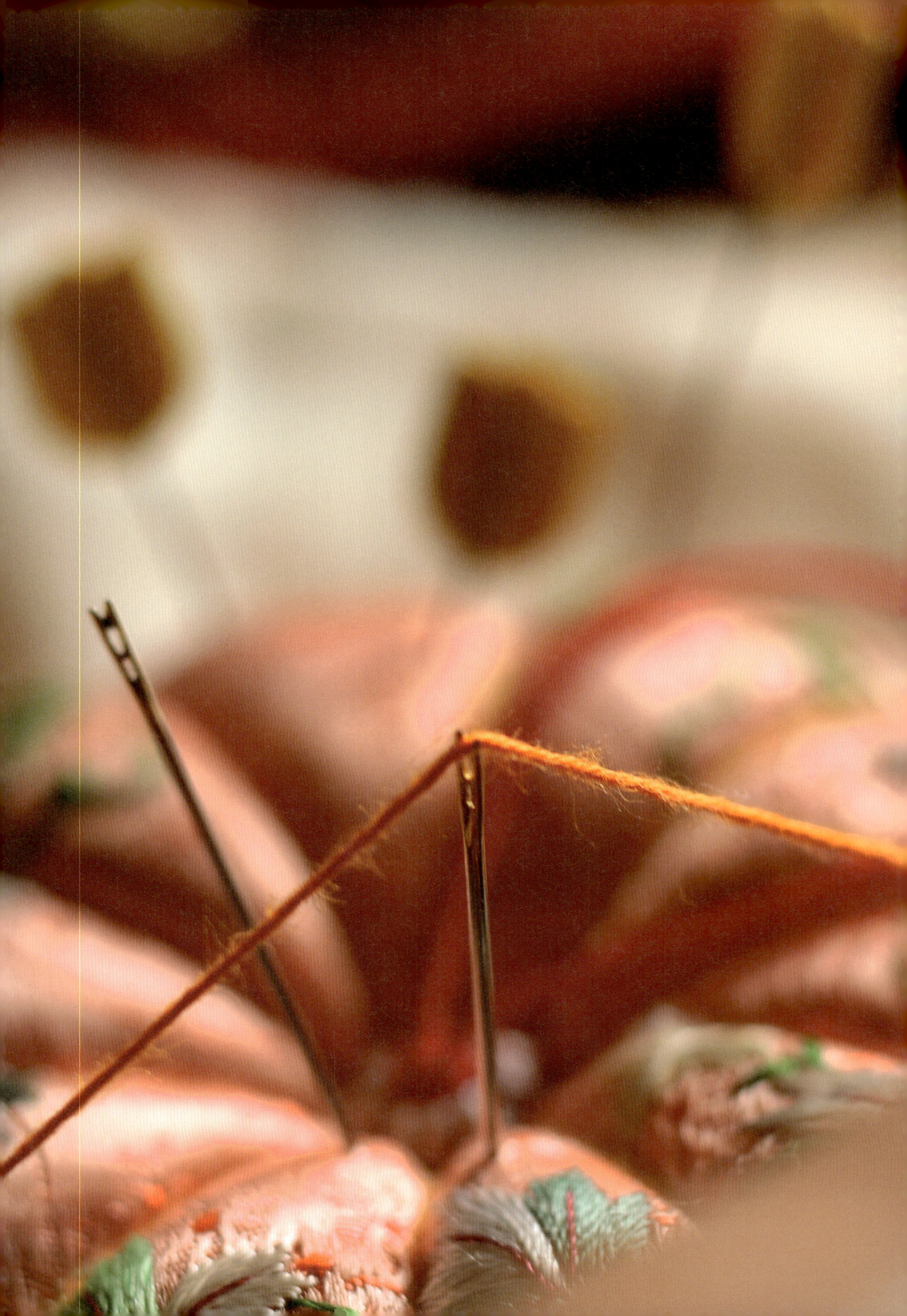

大雪《たいせつ》

新暦　12月7日頃
旧暦　11月頃

前向きに「毎日が発見」

「毎日が発見」と言えば、聞こえがいい。いかにも何かの研究に挑みつつ、発見があるかのよう。だが、「毎日が体験」と言い換えると、少しニュアンスが変わってくる。自分の、そして一緒に暮らす夫の年齢とともに、することなすこと、すべてが体験である。前向きに「発見」「発見」と言ってみるのだが。

夜長の針仕事の際には、だいぶ前から針に糸が通らなくなった。この時点でひどく落ち込んだものだ。周りの大人を思い出す。昔、糸通しをよく頼まれたなあ、さんざ糸の先をなめてから「お願い」と渡された糸を、子ども心に「やだなあ」と思ったものだ。

すっかりあきらめ、糸通しなる道具に頼る日々が続いたのに、それすらおぼつかなくなったある日、素晴らしい針に出会った。チューリップ社の「マジック針」といって、針の頭の溝から糸を押し込むだけ。逆に引っ張っても、どんなに縫っても外れない優れもの。写真は糸を溝にあてたところで、これをぐっと下に引くと、針穴にはまる構造になっている。

とてもうれしくて、そしてびっくりした。それだけ糸通しに困っている人が多いということだろう。これで針仕事もより楽しい。こんな針を開発してくれた広島の会社に感謝だ。これもひとつの「発見」、これから先も、いろいろなことでつまずくだろうが、「今日も発見!」と、笑って過ごしたい。

ちなみに写真の後方にぼんやりと見えるのは、同じ会社のチューリップを象ったまち針、針山は韓国で求めたもの。

蜂の子【はちのこ】

素晴らしい蜂の子を巣ごといただく。「それ急げ」とピンセットでつまみ出し、炒って少しの塩にバター、あるいはみりんとしょう油をはらり。ごはんに混ぜたり、酒の肴にしたり。残った巣の造形美に、申し訳なさと一緒に野菊を添え、ずっと眺めている。

マッチ箱【まっちばこ】

最近は商店でマッチをもらうことも減ってきた。家にあった残り少ない、いただき物のマッチ箱に布を張り、仏壇に、ストーブにと、愛おしむ。

朴葉【ほおば】

庭の朴葉がなめし皮のようなつやを醸し、はらりと大げさに落下し、ひと晩霜にあたるともう大丈夫。拾って朴葉焼きやお皿代わり、天然のラップにと大活躍する。ほかにも柿や紅葉、常緑の松に竹、椿に柊、月桂樹。庭の葉っぱたちは、私の力強い右腕。

備えの水【そなえのみず】

防災への備えで一番大切にしているのは「水」。大き目のやかんに水をいっぱいにしてから床につかないと、不安になる。

紅芯大根とゆで豚のサラダ

定番のおかずのゆで豚。サラダにも、メインにもなる優れもの。ゆで汁も決して捨てることのないように。油を取ってスープに活用。

材料

豚肩ロースかたまり肉…400g
塩…大さじ1
季節の野菜…適量
さしすだし…適量

1. 豚肉に塩をすり込みひと晩置く。
2. たっぷりの湯で30分、中火でゆでる。
3. 薄切りにして千切りにした季節の野菜と和える。
4. さしすだし（下）をかける。

さしすだし

さしすのなかに煮干しと昆布を入れておくと、とても良い味のさしすができあがる。野菜にちょっとかけるだけで大変おいしい便利な調味料。

材料

さしす…200cc
（つくり方はP85）
昆布…5×5cm
煮干し…5本

1. さしすに昆布と煮干しを入れ、ひと晩置く。

大雪の頃

雪いよいよ降り重ねる
折からなればなり

こよみ便覧

山々にも平地にも雪が積もるようになり、多くのゲレンデがオープンを迎え、ひと頃の賑わいとはいかずとも、スノーシーズンの到来で賑わいをみせます。打って変わって動物たちは冬ごもりへ。来春まで、おやすみなさい。正月の準備も、この頃から。

小雪	12月5日	
	12月6日	
大雪	12月7日	
	12月8日	
	12月9日	
	12月10日	
	12月11日	
	12月12日	
	12月13日	正月事始め／煤払い
	12月14日	
	12月15日	
	12月16日	
	12月17日	
	12月18日	
	12月19日	
	12月20日	
	12月21日	
冬至	12月22日	
	12月23日	平成天皇誕生日

※2018年2月（立春）～2019年2月（大寒）のもの。
毎年変動はあるが、ほぼ表記の頃。

にんじんピクルス

友人が育てた黄色のにんじん。香りがほのかで、サラダに向く。黒の粗びきこしょうをふったり、生ハムで巻いたりして楽しんでいる。

材料

にんじん…1本
塩…小さじ$\frac{1}{2}$
酢・水・油
…各大さじ2
はちみつ…少々

1. 千切りにしたにんじんに調味料をかけまわして漬ける。

冬至《とうじ》

新暦　12月22日頃
旧暦　11月頃

冬のおもてなし

私は主婦の傍ら、料理講師を仕事にしているが、事務所なし、工房なしなので、打ち合わせも教室も、撮影まですべて自宅という状況のなかにいて、いつも人の出入りが絶えない。そうでなくても、こと年末年始は人が集まり、招き、招かれることが多くなる。

あらためて、冬に人を招く際のポイントはなにかと考える。まず、寒い信州。温かいことが第一条件でなくては。コート掛けは寒い玄関ではなく、部屋の片隅に置き、帰るときに〝冷たい〟と思わず、温まった身体に羽織ってほしい。膝掛けも、もてなしの一品。数枚用意しておいて、「よかったらどうぞ」の声をかける。温かい飲み物や食べ物で、一層ぽかぽかになっていただければ言うことなし。

夕食とお酒を伴うもてなしは、また、違ってくる。そこに掃除もプラスされる。来客がまず、家に入って目につくところ、目線である。背の高い人、低い人、自分の目線以外の想像で家を見回し、掃除をする。

台所から、「ちょっと運んでください」などと、お手伝いを頼んだりもするので、流し、水道の蛇口、ガス台、光るべきところは磨いておく。少なくとも、洗面所の蛇口とトイレが光っていれば、ほかはあまり気にならない、と思うことにしている。とはいえ、招いた側がバタバタせず、細部をも気にせず、楽しむことがなによりのおもてなしであると、自分に言い聞かせつつ。

クリスマス

年を重ねるとクリスマスから遠のく。それでも、夏の紫陽花(あじさい)のドライに夏づたの紫の実をワイヤーラックに入れ、蝋燭(ろうそく)を立て、それぞれの色に感嘆する。

手拭き【てふき】

洗面所には来客用の手拭きを用意。家族が使ったあとの湿ったもので、いやな思いをさせないための心遣い。晒布(さらし)の両端をいろいろな色で縫いまとめておくと、そのカラフルさもかわいらしい。

柚子【ゆず】

南信州の柚子は香り良し、味良し、おまけに見て美し。同時季の山茶花（さざんか）と朴葉（ほおば）を添えて。柚子色と山茶花色を、朴葉色が引き締めてくれる。これぞ、日本の十二月の色。

コーヒーの香り

落としたあとのコーヒーの粉を、トイレに置きはじめて数年。消臭剤の役目もあるらしい。古くなったらぼかしと一緒に土に還す。

踏石【ふみいし】

来客時、スリッパから履き替えずに、足をぽんと載せる踏石。レンガを和紙で包み、柿渋かラッカーを塗っておくと、とても便利。

おでん

我が家の冬の定番。水も調味料もきっちり量って常に同じ味を心がける。だしに使ったあごが「食べてほしい」とばかりに主張している。

材料（4人分）

水…1500cc
あご…4本
大根…$\frac{1}{2}$本
にんじん…1本
油揚げ…4枚
白滝…100g
さつまあげ…2枚
酒…50cc
砂糖…大さじ1
薄口しょう油…100cc

1. 水にあごを入れ、大根、にんじんを入れて火にかける。
2. 油抜きした油揚げを半分に切り、白滝を入れて楊枝で口を閉じる。油抜きしたさつまあげはひと口大に切り、いずれも**1**へ。
3. 大根が煮えたら調味料を加え、味を含める。

鯉を細切りにしてしょう油やしょうがに漬け、粉をまぶしてから揚げに。サラダ菜にどっさり載せて一緒に食べる、もてなしのサラダ。

鯉のから揚げ

材料（3人分）

鯉…半身

A
- みりん…大さじ2
- しょう油…大さじ2
- しょうがすりおろし…大さじ2

小麦粉・油…各適量

季節の野菜…適宜

1. 三枚におろした鯉を2cmに切り、Aでもみ込み1時間置く。
2. 小麦粉とまぶし、油で揚げる。
3. 季節の野菜を添える。

冬至の頃

日南の限りを行て
日の短きの至りなればなり

こよみ便覧

太陽が最も南側に軌道を描く日で、1年で最も夜が長い日。一陽来復と言われ、この日を境に陰から陽へと運が向きます。

南瓜（かぼちゃ）や小豆粥を食べるほか、蜜柑（みかん）、大根など「ん」がつく食べ物を食べると幸せになるとされています。柚子湯に浸かると風邪を引かないとも。

大雪	12月20日	
	12月21日	
冬至	12月22日	
	12月23日	平成天皇誕生日
	12月24日	
	12月25日	
	12月26日	
	12月27日	
	12月28日	御用納め
	12月29日	
	12月30日	
	12月31日	大晦日・大祓
	1月1日	元日
	1月2日	初夢・書き初め
	1月3日	
	1月4日	御用始め
	1月5日	
小寒	1月6日	
	1月7日	人日の節供（七草）

※2018年2月（立春）～2019年2月（大寒）のもの。毎年変動はあるが、ほぼ表記の頃。

小寒《しょうかん》

新暦　1月6日頃
旧暦　12月頃

いいことが宿りますように

新暦では年が明けた。やはり正月には正月らしいしつらいが楽しみのひとつ。花屋さんからは、早々に宿木《やどりぎ》が届く。秋深くなると山や高原の落葉した木々の枝に丸く宿り、まるで鳥の巣かと思うが、れきとした木。丸く小さい黄緑の実も付け、何とも美しい姿をみせてくれる。

しかし、宿られた親の大木にとっては、養分を吸われ、困るらしい。「まるで、すねかじりの子どものよう」と笑ってしまう。それだけ、成長する生命力が強いのだろう。その強さにあやかって、「いいことが宿りますように」と新年の願いを込めて、最近では花屋から求める人も多いよう。私もそのひとりか。

毎年、佐賀県の唐津から縁起物として取り寄せるのは仏手《ぶっしゅ》柑《かん》。剪定した庭の枝に山茱萸《さんしゅゆ》の紅い実の付いたまま、仏手柑とともに花器に入れる。家のなかにあると、小鳥に赤い実を啄《ついば》まれずに安心。山茱萸も、梅も、蝋梅《ろうばい》も、年末に剪定した枝を残らず家に持ち込めば、庭よりひと足先に開いてお花見となる。山茱萸の黄色の小花はまた一層愛らしい。こんなことの日常が、とても楽しい。

庭よりひと足先にといっても、ここのところ暖冬続きで、12月の初めから庭の蝋梅がどんどんと咲き、水仙は芽を出し、クリスマスローズは花芽を付けるありさま。侘助《わびすけ》は春と間違えたのかと思うほど、満開状態。本当に異常なことだが、それにも負けず、平安な良い年でありますように。

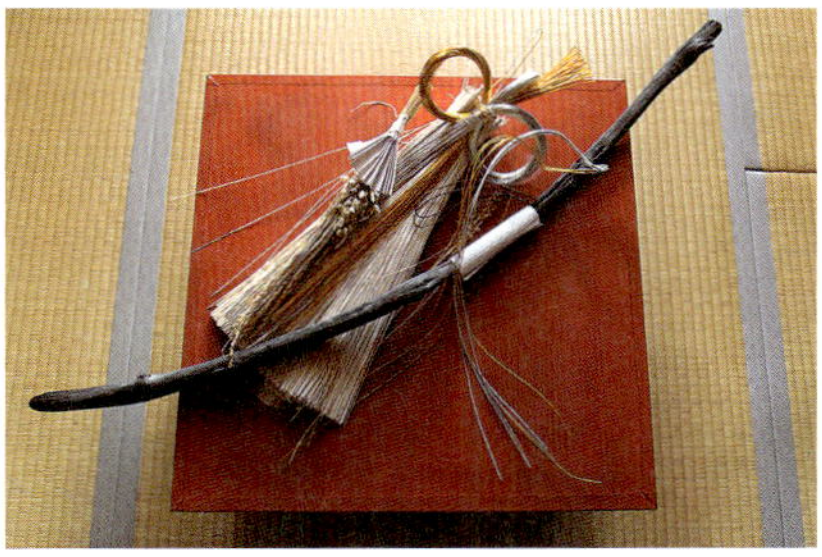

仏手柑と山茱萸

【ぶっしゅかんとさんしゅゆ】

自然の赤や黄の美しさに、さらにお正月のしつらいらしく、紅白の和紙に金銀の水引を添える。手づくりのお正月飾りも新年を迎える気持ちが高まって、ことさらうれしい。

青竹【あおたけ】

青竹に丸く穴を空けてもらう。庭に咲いてくれた侘助(わびすけ)、竹、松、南天、梅のつぼみも入れて正月のしつらいに。

漬物【つけもの】

霜が降りて軟らかくなってから漬けた野沢菜漬けにも、なすと一緒に仕込んだ大根の漬物にも、この頃うまく水が上がってくる。あとは味だけ。

松と唐辛子

【まつととうがらし】

大きな花器に入れた正月花ではなく、テーブルの脇にちょっと松を飾るのもいい。添えるのは赤唐辛子。

王滝蕪寿司

王滝蕪をスライスして塩をし、しんなりさせる。とても軟らかいので、意のままになるのがうれしい。初春らしい一品のでき上がり。

材料

王滝蕪…1個
塩…王滝蕪の2%
ごはん…適量
すんきみじん切り…適量

1. 王滝蕪を薄切りにして塩をふり、水気を絞る。
2. 炊き上がりにみじん切りのすんきを混ぜ、酢めしにする。
3. 細長く整えた**2**に王滝蕪を巻き付ける。

すんきのみそ汁

ありがたいことに、王滝村の友人が毎年、恒例ですんき漬を送ってくださる。ほのかな酸味が何ともおいしく、身体に良さそうといったらない。

1. でき上がりのみそ汁に、すんきのみじん切りを混ぜるだけ。

小寒の頃

冬至より一陽起るがゆえに
陰気に逆らうゆえ
益々冷ゆるなり

こよみ便覧

寒の入りであり、寒さが厳しくなり氷が厚く張る頃。節分までが寒の内で、まさに冬本番です。続いてやってくる大寒まで、厳しい寒さが続きます。寒中見舞いを投函する季節です。

お正月の疲れの食べ疲れ、飲み疲れも、この頃の話。野菜をたっぷりとって、体調を万全に。

冬至	1月4日	御用始め
	1月5日	
小寒	1月6日	
	1月7日	人日の節供(七草) ※新暦
	1月8日	
	1月9日	
	1月10日	
	1月11日	鏡開き
	1月12日	
	1月13日	
	1月14日	成人の日 ※第2月曜
	1月15日	小正月・どんど焼き
	1月16日	
	1月17日	冬土用入 ※立春の直前まで
	1月18日	
	1月19日	初えびす(宵えびす)
大寒	1月20日	初えびす(本えびす)
	1月21日	

※2018年2月(立春)〜2019年2月(大寒)のもの。
毎年変動はあるが、ほぼ表記の頃。

蒸したもち米に刻んだみそ漬けを混ぜ、肉で巻き、甘辛く味を整える。さしずめ、いかめしの肉版といったところ。お重の一品にも重宝。

肉巻きもち米

材料(10個分)

もち米…2.5合
水…525cc
大根のみそ漬け…60g
豚薄切り肉…300g
油…大さじ1
しょう油…大さじ2
砂糖…小さじ2
酒…大さじ1
長ねぎ…2本

1. もち米は洗ったらすぐ水を切り、水に浸してひと晩置いてから炊く。
2. 炊き上がりに大根のみそ漬けのみじん切りを混ぜ、10個に丸めて肉を巻く。
3. 油を敷いたフライパンで表面を焼き、調味料で味を調える。横で長ねぎの筒切りも一緒に焼いて添える。

大寒《だいかん》

新暦　1月20日頃

旧暦　12月頃

ひと玉の白菜を使い切る

信州は、1年のうちの半分は何も採れないので、いろいろな方法で野菜を年越しさせ、3月頃まで食べ回す。大根、じゃがいも、にんじん、キャベツ、白菜、玉ねぎ、長ねぎ、長芋などなど。そんな越冬野菜は、夏から秋にかけて太陽の光をいっぱいに受けて育ち、冬の実に蓄えているので、身体を温めてくれる役割も兼ね備えている。しかもおいしい。

長ねぎは種類も多くてうれしい。松本一本ねぎは煮物、とくにすき焼きにぴったり。飯田地方は、駒屋ねぎをおでんの「しょう油ダレ」にする。食材の個性に合わせ、食に地方の色が出る。そんな地元の人々の舌の確かさに、私は舌を巻く。

信州の越冬野菜のなかでも白菜は、南のハウスで育って旅してきたものより、断然味がいい。漬物、煮物、蒸し物、生も加え、料理の仕方は数えきれないほどある。漬物は糠漬けが定番だが、キムチ漬けも食べたい。ストーブで暖をとるようになると、厚手の鍋に四つ割りのまま入れ、酒か水を50ccほど加え、自分の水分も出してもらいながら軟らかくなってもらう。大きいまま皿にどんと載せても箸で十分切り分けられる。

料理で残った白菜の葉は、1枚でも2枚でも無駄にすることなく、目方を量って刻み、その2%の塩でもむだけで、即席漬けができ上がる。好みで、柚子、しその実、菊のゆでたものを加えても。ひと玉ひと玉、新聞紙にくるんだ白菜を、余すことなく春先まで大事に使い切りたい。

越冬野菜【えっとうやさい】

秋から初冬にかけて収穫される野菜を、冷暗所で保存する。冬に作物が採れない信州だからこその知恵であり、冬の寒さ厳しい信州だからこそできる技である。

紫と黄色の白菜を刻んだけのサラダ

くちなし

くちなしの実で色を付けて炊き上げたごはんを染飯（そめいい）、また黄飯（おうはん）と言う。江戸時代、駿河国瀬戸（現在の静岡県藤枝市内）の名物。山吹色でとても美しい。漢方でも良い効能があるらしい。

柚子釜【ゆずがま】

凍てつく日が続く夜、ふうふう言いながら、柚子の香りとともに味わう蒸し料理。柚子の里、天龍村の郷土料理。柚子の上部を切り、なかをくり抜く。白身魚やほたてなどと刻んだねぎ、甘みそを混ぜて入れ、蓋をして長くても10分蒸す。魚類に火が入ればでき上がり。

白菜肉団子

手軽なうえに、見た目の華やかさがポイント。オレンジ白菜という黄色が強いこの白菜、決して腐敗しているわけではありません。あしからず。

材料（4人分）

- 鶏胸ひき肉…200g
- 白菜の葉の部分…5枚
- A
  - 白菜の白い茎の部分（みじん切り）…200g
  - しょうが・にんにく（みじん切り）…各小さじ1
  - しょう油…小さじ2

1. 鶏胸ひき肉にAを混ぜ、こねて丸めて団子にする。
2. 蒸し器に千切り白菜を敷き、団子を並べて12分蒸す。
3. 好みのたれでいただく。

大寒の頃

冷ゆることの至りて
甚だしきときなればなり
こよみ便覧

寒気、極まるとき。その寒さを利用して、凍り豆腐や寒天、日本酒、みそなどが盛んにつくられ、信州の郷土食、保存食として親しまれています。この期間の水は「寒の水」と言われ、雑菌が少なくて、身体にも良いとされています。節分を終えたら、また春がやってきます。

小寒	1月18日	
	1月19日	初えびす（宵えびす）
大寒	1月20日	初えびす（本えびす）
	1月21日	
	1月22日	
	1月23日	
	1月24日	
	1月25日	
	1月26日	
	1月27日	
	1月28日	
	1月29日	
	1月30日	
	1月31日	
	2月1日	
	2月2日	
	2月3日	節分
立春	2月4日	
	2月5日	

※2018年2月（立春）〜2019年2月（大寒）のもの。
毎年変動はあるが、ほぼ表記の頃。

塩漬けの白菜に生糠袋を載せ、糠の味を染み込ませた漬物。糠漬けって難しそう。そんなイメージを覆してくれる安心漬物。

白菜の糠漬け

材料
白菜…1玉
塩…白菜の2%
生糠…300g

1. 白菜を洗って塩で漬け、重石を載せる。
2. 水が上がったら晒の袋に生糠を入れて白菜のうえに載せ、さらに重石を載せる。
3. 3日ほどから食べられる。

沢あんの糠床

冬の風物詩のひとつといえば、軒先にずらりと吊り下げられた大根。立派なおみあしのものから、ちょっと細いものまで、各種並ぶ。そうして漬けた、沢あん漬けは、冬の間じゅう、おいしくいただく。漬物の、定番中の定番だ。手間ひまかかるように思われがちだが、さほどでもなく、水が上がってきたらひと安心。なるべく空気に触れさせないよう上手に保管して、おいしく、長く、楽しみたい。「立夏」でご紹介している「菜の花糠漬け」(P55)は、もう少しでその季節が終わる沢あんの糠床をちょっと拝借。暮らしの知恵。

夏に漬けたなすの塩漬けも一緒に。うまく水が上がってくれたので、あとは味だけ

沢あん漬け

材料

- 大根…16kg
- 紅芯大根…4kg
- からいも…4kg
- 米糠…4kg
- 塩…1.6kg
- 砂糖…3kg
- 柿の皮…400g
- なすの葉…300g
- 唐辛子…30g

1. 大根、紅芯大根、からいもを約1週間干す。

2. 大きいビニール袋や器に野菜以外の材料を入れ、混ぜておく。

3. 容器の底に**2**を振り入れてから大根、紅芯大根、からいもと糠を交互に漬け、大根の重さの2～3倍の重しをする。

4. 3日で水が上がりはじめる。食べ頃は約1カ月後から。

索引

＊○印はレシピです

十五夜《じゅうごや》……105・111
十三夜《じゅうさんや》……117・123
終戦記念日《しゅうせんきねんび》……93
秋分《しゅうぶん》……105・107・111
春分《しゅんぶん》……29・31・35
しょうが《しょうが》……76・92
正月《しょうがつ》……13・17・143・151・153
正月飾り《しょうがつかざり》……153
小寒《しょうかん》……151
消臭剤《しょうしゅうざい》……147
小暑《しょうしょ》……75
小雪《しょうせつ》……133
菖蒲《しょうぶ》……63・64
菖蒲の節供《しょうぶのせっく》……55・61・67
小満《しょうまん》……57
昭和の日《しょうわのひ》……47
処暑《しょしょ》……95
暑中見舞い《しょちゅうみまい》……79
白梅酢《しらうめす》……43
白樺《しらかば》……97
白滝《しらたき》……148
○白玉おやつ《しらたまおやつ》……98
汁粉《しるこ》……14
白瓜《しろうり》……122・124・130
○白瓜の粕漬け《しろうりのかすづけ》……124
人日の節供(七草)《じんじつのせっく》……149・155
信州長夕顔《しんしゅうながゆうがお》……101
信州の伝統野菜《しんしゅうのでんとうやさい》……101・103・129
新しょうが《しんしょうが》……75
新年《しんねん》……151
新物《しんもの》……75
新緑《しんりょく》……55
新暦《しんれき》……13・151

す

水仙《すいせん》……14・20・151
水鉢《すいばち・みずばち》……19・26
スギ《すぎ》……91
芒《すすき》……107・120
煤払い《すすはらい》……143
簾《すだれ》……96
簾戸《すど》……95
ストーブ《すとーぶ》……107・157
スノードロップ《すのーどろっぷ》……19
酢みそ《すみそ》……67
すりこ木《すりこぎ》……86
すんき《すんき》……13・29・154
○すんきのみそ汁《すんきのみそしる》……154

せ

成人の日《せいじんのひ》……155
歳暮《せいぼ》……137
清明《せいめい》……37
節分《せつぶん》……13・17・161
ゼリー《ぜりー》……93
セロリ《せろり》……75
剪定《せんてい》……25・151

そ

霜降《そうこう》……119
そうめん《そうめん》……111
備えの水《そなえのみず》……141
そば《そば》……29

た

体育の日《たいいくのひ》……111・117
大寒《だいかん》……157
大根《だいこん》17・22・33・35・60・116・148・149・153・155・157・162
○大根ステーキ《だいこんすてーき》……60
○大根と手羽煮《だいこんとてばに》……116
大暑《たいしょ》……81
○大豆ごはん《だいずごはん》……16
○大豆のだしじょう油漬け《だいずのだしじょうゆづけ》……110
大雪《たいせつ》……139
田植え《たうえ》……61
タオル《たおる》……45
○炊き込みごはん《たきこみごはん》……116
沢あん《たくあん》……54・64・162
竹《たけ》……75・141・153
岳樺《だけかんば》……97
竹とんぼ《たけとんぼ》……107
田毎の月《たごとのつき》……61
棚田《たなだ》……61
七夕《たなばた》……73・79・85・93
玉ねぎ《たまねぎ》……84・104・117・157
○タルト・タタン《たるとたたん》……23・48
壇香梅《だんこうばい》……25
端午の節供《たんごのせっく》……63・64

ち

茅草《ちがや》……73
茅の輪《ちのわ》……73
茶托《ちゃたく》……39
茶道具《ちゃどうぐ》……44
○茶碗蒸し《ちゃわんむし》……72
中元《ちゅうげん》……79
仲秋《ちゅうしゅう》……105
中秋の名月《ちゅうしゅうのめいげつ》……105・111
提灯《ちょうちん》……103
重陽(菊の節供)《ちょうよう》……99・105・111・117

つ

月《つき》……113・114
つくね《つくね》……84
つくり回し《つくりまわし》……75
漬物《つけもの》……64・119・153
椿《つばき》……15・53・141
つぶあん《つぶあん》……78
爪楊枝《つまようじ》……86
梅雨《つゆ》……67・73
露《つゆ》……105・117

て

定家葛《ていかかずら》……127
手すさび《てすさび》……86
鉄線《てっせん》……127
手ぬぐい《てぬぐい》……97・114
手羽先《てばさき》……116
手拭き《てふき》……146
○照り煮《てりに》……17

天龍村 てんりゅうむら……97・159

と

唐辛子 とうがらし……13・14・153
冬至 とうじ……145
○とうじそば とうじそば……29
豆腐 とうふ……113
十日夜 とおかんや……131
戸隠(長野市) とがくし……26・57
木賊 とくさ……70
心太 ところてん……33
屠蘇 とそ……13
トマト とまと……84・85・89・107
○鶏肉みそ とりにくみそ……98
鶏ひき肉 とりひきにく……66・160
鶏もも肉 とりももにく……98・110
トレビス とれびす……131
どんど焼き どんどやき……155

な

内鎌かんぴょう ないがまかんぴょう……101
長雨 ながあめ……117
長芋 ながいも……157
流し雛 ながしびな……27
中条(長野市) なかじょう……57
長ねぎ ながねぎ……157
長押 なげし……38
夏越の祓 なごしのはらえ……73
なす なす……89・107・111・113・162
○なすそうめん なすそうめん……111
夏戸 なつど……95
夏土用入 なつどよういり……79
夏土用の丑の日 なつどようのうしのひ……79・85
棗 なつめ……133
夏野菜 なつやさい……107
夏雪蔓 なつゆきかずら……108
七草 ななくさ……13・149・155
菜の花 なのはな……39・52・54・55・73
○菜の花の糠漬け なのはなのぬかづけ……54
生糠 なまぬか……161
南天 なんてん……153

に

新嘗祭 にいなめさい……131・137
○肉巻もち米 にくまきもちごめ……155
鰊鉢 にしんばち……45
二百十日 にひゃくとおか……99
二百二十日 にひゃくはつか……105
日本酒 にほんしゅ……114・161
日本のチロル にほんのちろる……129
入道雲 にゅうどうぐも……99
入梅 にゅうばい……67
韮 にら……35・60・113
にんじん にんじん……17・22・52・116・130・143・148・157
○にんじんピクルス にんじんぴくるす……143
にんにくしょう油糀 にんにくしょうゆこうじ……40

ぬ

糠漬け・糠床 ぬかづけ・ぬかどこ……54・89・90・162
抜き粕 ぬきかす……122・124・130
布玉 ぬのだま……71
沼目白瓜漬け ぬまめしろうりづけ……103

ね

○ねぎしょう油 ねぎしょうゆ……54
○根曲竹の鯖缶汁 ねまがりだけのさばかんじる……72
練り梅 ねりうめ……75

の

野沢菜 のざわな……13
熨斗紙 のしがみ……37
熨斗袋 のしぶくろ……37

は

羽釜 はがま……43
白菜 はくさい……40・157・160・161
○白菜肉団子 はくさいにくだんご……160
○白菜の糠漬け はくさいのぬかづけ……161
白露 はくろ……101
蓮 はす……90・109
バターナッツ ばたーなっつ……134
八十八夜 はちじゅうはちや……47
蜂の子 はちのこ……140
初午 はつうま……17
初えびす はつえびす……155・161
○二十日大根の酢みそ和え はつかだいこんのすみそあえ……67
初時雨 はつしぐれ……123
初雪 はつゆき……137
初夢 はつゆめ……149
花冷え はなびえ……51
花見 はなみ……43・151
○花餅 はなもち……55
はやと瓜 はやとうり……130
バラ ばら……119
針供養 はりくよう……41
針仕事 はりしごと……139
春土用入 はるどよういり……41
春の彼岸 はるのひがん……29・34・35
晩霞ぜり ばんかぜり……57
半夏生 はんげしょう……73

ひ

ビーツ びーつ……130・131
柊 ひいらぎ……13・14・141
彼岸 ひがん……29・34・35・105・107・111
彼岸花 ひがんばな……107
ヒキガエル ひきがえる……51・53
ビジネスホテル びじねすほてる……25
雛人形 ひなにんぎょう……25・27
雛祭り ひなまつり……25
美男葛 びなんかずら……91・127
火鉢 ひばち……21
姫大山木 ひめたいさんぼく……71
百日草 ひゃくにちそう……121
ヒヤシンス ひやしんす……21
ヒヨドリ ひよどり……19
昼顔 ひるがお……83

ふ

風船葛 ふうせんかずら……127

横山タカ子　よこやま たかこ

1948年長野県大町市生まれ。長野市在住。自称、専門は主婦。身近な素材と郷土食を大切にし、「素にして上質」を心がける料理研究家。NHK「きょうの料理」に出演ほか、複数のカルチャー講師を務める。著書に『作って楽しむ信州の食』シリーズ（信濃毎日新聞社）ほか、『健康おかず作りおき』（主婦と生活社）など多数。

撮影　山浦剛典

編集　山口美緒（編集室いとぐち）
装丁・レイアウト　滝澤優子（OTTO&Ä）

企画・進行　伊藤 隆（信濃毎日新聞社）

四季に寄り添い 暮らしかさねて

2017年10月28日　初版発行

著者　横山タカ子

発行　信濃毎日新聞社
〒380-8546 長野市南県町657
TEL 026-236-3377
https://shop.shinmai.co.jp/books/

印刷　信毎書籍印刷株式会社

製本　株式会社渋谷文泉閣

ISBN 978-4-7840-7318-4 C2077